SEMPRE ACREDITEI

GABRIELA
DERMÍNIO

SEMPRE ACREDITEI

Resiliência e sabedoria para nunca desistir

Academia

Revisão: Fernanda França e Project Nine Editorial
Diagramação: Sergio Rossi
Capa: Rafael Brum
Imagem de capa: Foto: Brian Haider / Prod. executiva: Gabriela Montagner.

Dados Internacionais de Catalogação na Publicação (CIP)
Angélica Ilacqua CRB-8/7057

Dermínio, Gabriela
Sempre acreditei : resiliência e sabedoria para nunca desistir/ Gabriela Dermínio. – São Paulo: Planeta, 2019.
176 p.

ISBN: 978-85-422-1715-5

1. Autoajuda 2. Dermínio, Gabriela - Biografia 3. Mulheres de negócios - Biografia 4. Autoconfiança I. Título

19-1535 CDD 926.58

Índices para catálogo sistemático:
1. Autoajuda

2019

EDITORA PLANETA DO BRASIL LTDA.
Rua Bela Cintra 986 – 4º andar – Consolação
São Paulo – SP CEP 01415-00
www.planetadelivros.com.br
faleconosco@editoraplaneta.com.br

Dedico esse livro a você que passará
algumas horas da sua vida acompanhando a
minha trajetória, que escrevi com tanto amor.
Espero que a cada página virada, algo
desperte o melhor que já existe aí dentro.
Boa viagem!

Sumário

PREFÁCIO **9**

PARTE I - DEGRAUS **13**

1. QUEBRAR E CONQUISTAR 14
2. FORA DE RUMO 17
3. RESSIGNIFICAR 23
4. CRESCER COM CRENÇAS 28
5. EXPECTATIVAS 33
6. *FAR AWAY* 41
7. FÁBULA 50
8. ELDORADO 54
9. DIAMANTE 62
10. UM PROVADOR 69
11. SE CAIR, LEVANTE! 74
12. PODERES 79
13. SER GIGANTE 82
14. VOCÊ É O PRESENTE DE DEUS 89
15. TEMPESTADE 96
16. MEDITAR 102

PARTE II - UMA OPORTUNIDADE PARA EMPREENDER **107**

Por que recomendo que invistam no marketing de rede? 109

Por que não se abrir para uma nova oportunidade? 117

PARTE III - SER FELIZ É DA ALMA **125**

PARTE IV - QUADRO DOS SONHOS **133**

Desafio dos 21 dias: 142

PARTE V - SEMPRE ACREDITEI **165**

AGRADECIMENTOS **171**

PREFÁCIO

Crises de transformação são eventos que acontecem e fazem sua vida mudar.

São diversos os exemplos: se você é solteira(o) e decide se casar, sua vida vai mudar, isto é uma crise de transformação. Se não tem filhos e o casal decide engravidar, é uma crise, porque a vida do casal vai mudar. Quando o bebê nasce é outra crise, porque a vida do casal efetivamente mudará para sempre. Um divórcio é outra mudança, logo, outra crise de transformação. A morte é uma mudança para quem desencarna, e, para quem continua encarnado, isto é uma crise.

Se está trabalhando e fica desempregada(o) é uma crise de transformação. Se hoje tem dinheiro e amanhã, não, é uma crise.

Doenças são crises de transformação. Decidir viver de forma saudável é uma grande crise de transformação que vai mudar sua vida.

Resumindo: nós vivenciamos essas crises de transformação todos os dias de nossas vidas. Algumas delas são imprevisíveis, e outras fazemos por livre-arbítrio.

Nessas mudanças, sofremos se não aprendemos porque vamos repetir a mesma matéria.

É como ser reprovado em uma matéria da faculdade: ficamos em DP.

Tenho consciência de que o olho do furacão, o centro da crise, não é uma coisa agradável, mas desde que tiremos aprendizado disso, daremos um salto de crescimento em nossos processos evolutivos espiritual e psicológico.

Se houver aprendizado, o saldo final será sempre positivo.

Acontece que somos extremamente resistentes a mudanças.

E quando resistimos a mudanças, sofremos.

Foi em uma dessas crises de transformação que tive a oportunidade de ajudar a Gabriela Dermínio.

Há mais de trinta anos trabalho ajudando as pessoas nesses momentos de crise ou contribuo provocando estas crises para que as pessoas mudem. A maioria só vem me procurar quando a crise já está acontecendo, ou seja, vem através da dor.

Outras me procuram por amor, pela consciência da necessidade de mudança.

E em nossos treinamentos, ajudamos as pessoas a se conscientizarem de onde estão os nós emocionais, como medo, insegurança, ansiedades, tristezas e raivas, que nos limitam hoje.

Durante nossas vivências as pessoas trabalham as crenças limitantes e aprendem a assumir suas crenças de poder.

E a Gabriela Dermínio chegou até o Instituto Tadashi Kadomoto através de uma crise de transformação que estava vivendo.

Ela, como qualquer pessoa, já passou por muitas crises de transformações, aprendeu e cresceu muito.

Eu amo escutar as pessoas, porque sempre aprendo algo novo.

Mas a história de superação da Gabi é impactante, é motivadora, é inspiradora.

A trajetória de vida da Gabi é a prova viva dessas crises de transformação, e o quanto evoluímos se aceitamos e aprendemos com cada uma.

Ela nunca desistiu, por maior que fosse a dificuldade.

A Fé inabalável sempre a norteou para o lugar certo.

Eu sei o quanto ela trabalha, ou seja, dinheiro não cai do céu.

Com sua garra e determinação ela transcendeu todos os problemas e chegou aonde chegou.

A história de vida da Gabi me impactou positivamente e me inspirou a ser melhor.

Ela me mostrou o que é a Fé, e em como acreditar em si mesma e na vida.

Acredito que o nosso sucesso e felicidade são diretamente proporcionais ao que contribuímos para felicidade e sucesso de outras pessoas.

E a Gabi Dermínio me ensinou isso na prática, porque o modo como ela ajuda as pessoas a crescerem é lindo de se ver.

Este livro é fonte de inspiração e de ajuda para muitas pessoas aprenderem a superar essas crises.

Gabi, gratidão por me permitir caminhar ao seu lado.

Tadashi Kadomoto
Terapeuta transpessoal e palestrante

PARTE I - DEGRAUS

1. QUEBRAR E CONQUISTAR

"O sucesso é uma viagem, não um ponto de destino."
Ben Sweetland

Dentro da indústria de negócios em que atuo – o marketing de rede ou marketing de relacionamento –, sou considerada por muitas pessoas como uma das mais jovens e bem-sucedidas empreendedoras do país.

Quem nunca acompanhou a minha vida pode achar que tive muita facilidade para chegar aonde estou hoje. Boa apresentação, educação, comunicação... é claro que tudo isso foi importante. Mas como qualquer empreendedor de sucesso, precisei de coragem para assumir riscos. Como quando, ainda muito jovem, decidi me mudar sozinha para um país do outro lado do planeta à procura de amadurecimento e oportunidades, onde, em alguns momentos, dormia apenas duas horas por noite, por uma busca obsessiva por metas e resultados, sem saber se em algum momento eu retornaria.

É certo que vivemos em um país de muitos desafios, mas quero te mostrar uma maneira diferente de encarar o sucesso. Não se trata somente de: "Ah, acredite em você que você consegue". A primeira coisa é descobrir o que você quer. As pessoas supõem que ou você triunfa ou tem amor, ou trabalha ou é feliz, ou viaja ou cuida da família.

O mundo não te deixa mais sonhar. Quero te mostrar que é possível conciliar e ter tudo que sonha ao mesmo tempo. E, principalmente, manter a humildade, ainda depois de alcançar o topo. Afinal, viemos a este mundo para evoluir e viver o melhor desta terra.

O ator e comediante Jim Carrey disse certa vez: "Eu queria que todas as pessoas tivessem fama e sucesso para entender que não é isso o que importa". Eu passei por isso, de verdade. Precisei buscar na espiritualidade um modo de me sentir completa. Agora que consegui, estou pronta para vir aqui te contar o que aprendi nessas três décadas.

A ideia deste livro é não ser tão racional. Sou leitora compulsiva de livros de negócios e autodesenvolvimento, mas não pretendo fazer um resumo de toda leitura que absorvo ou somente listar aqui as minhas regras de como ter sucesso. Eu gosto de escrever com o coração. Tenho muita fé, uma inspiração divina que me orienta em tudo o que faço. Entre tantos livros inspiradores que você consegue encontrar por aí, acredito que enxergará uma essência verdadeira e singular dentro deste, pois tudo que fiz até hoje teve minha alma e personalidade impressas. Aqui, não seria diferente.

Em alguns momentos você lerá passagens da minha história e se perguntará como eu saí dessa. O fato é que aprendi com todos os desafios e trabalhei muito. Conquistei, quebrei, conquistei de novo, quebrei, e aqui estou. Eu me dirijo a você, neste momento, carregada de experiência. A minha vida toda me preparou para este instante. Por diversas vezes aprendi na dor. E minha intenção, com este livro, é que compartilhando meus erros e os ensinamentos que eles me trouxeram, você aprenda pelo amor.

Não se assuste. Todos os grandes líderes devem ter quebrado umas sete vezes antes de chegarem onde estão, e o melhor de tudo é que eles gostam de trocar experiências com seus seguidores. Como Tony Robbins, meu ídolo, alguém em quem me espelho, cujo nível de impacto na vida de tantas pessoas eu pretendo ter. Um dos responsáveis pela popularização da Programação Neurolinguística (PNL), Tony já vendeu mais de 35 milhões de livros e treinou diversas personalidades internacionais. É autor de frases motivacionais inesquecíveis. Estive em alguns eventos e palestras dele na Califórnia e em Las Vegas, quando o conheci, e posso dizer que ele é *o* cara. Inspira as pessoas, desvenda o melhor delas. Recomendo fortemente que leia seus livros.

E se você achou que me espelhar em pessoas tão importantes é sonhar muito alto, você ainda não viu nada. Ainda tenho muitas metas na vida que você pode crer que serão impossíveis de realizar, mas eu acredito no "impossível".

2. FORA DE RUMO

"A mesma água fervente que amolece a batata torna o ovo duro."
Sabedoria popular

Deus, não me deixe morrer, me dê uma segunda chance, pedi em pensamento.

Nunca me esquecerei daquele dia. Eu havia acordado, na casa dos meus pais, encoberta por uma angústia inexplicável. Havia passado a semana com eles. Não desejava sair de casa, mas tinha um compromisso importante à noite. Durante todo o dia os meus contatos, ansiosos, mandavam infinitas mensagens nos grupos, tornando a incumbência de estar presente na palestra que eu faria mais do que prioritária.

Eu era a Gabi Dermínio. Há algum tempo, meu nome havia deixado de ser pequeno, apesar das dificuldades que andava enfrentando ultimamente. Além disso, eu multiplicava o esforço para retomar o eixo de minha vida. Por isso, em algumas horas, eu deveria me apresentar em Birigui, cidade a 360 km de distância de Franca, onde nasci. E eu me apresentaria, se não fosse o acidente que quase tirou minha vida, e que talvez só não tenha sido efetivo por causa das palavras que direcionei a Deus antes de me chocar de frente com um caminhão-cegonha que pesava toneladas a mais do que meu carro.

Naquele novembro de 2013, eu flertava com o pior período da minha vida. A minha carreira de empreendedora começava a escorrer como água pelos meus dedos. O acidente seria somente mais um ingrediente do bolo de desastres no qual a minha vida se tornaria. Meus objetivos pareciam restritos ao campo dos sonhos. Eu não queria admitir isso em nenhuma hipótese, no entanto nada poderia estar mais longe da verdade. E isso me devastava por dentro quase tanto como aquela batida violenta de carro.

Depois de passar o dia sem vontade de comer, confessei ao meu pai: "Pai, eu não estou bem, eu não queria ir hoje. Eu não sei, estou com um mau pressentimento". Ele respondeu: "Então não vai, filha". Concordei. Porém, não tardei a dizer a ele: "Não, eu tenho que ir. Imagina, eu combinei, as pessoas estão me esperando".

A sensação de comprometimento era mais forte do que eu. Sempre fui *workaholic*, nunca havia faltado a uma reunião. Eu simplesmente não conseguia deixar de ir. Então entrei no carro me sentindo muito mal. Lembro que abasteci em um posto de gasolina e depois liguei o GPS e o som, esperando parar novamente somente quando chegasse no meu destino.

Em determinado momento, meu cérebro se desligou do mundo. Quando voltei a prestar atenção na estrada, algo não estava correto. Olhei para o GPS, que não calculava mais nada, apenas seguia reto. Notei que estava perdida. Demorei para encontrar uma vila, e quando o fiz, solicitei a um senhor que me dissesse onde estava.

"Você está em Guarantã", ele comentou, para minha surpresa.

"Guarantã? Eu preciso ir pra Birigui", repliquei.

"Moça, você está a uns 80 km de Birigui, precisa voltar por essa estradinha de terra e pegar o contorno, e ir pra não sei aonde."

Faltavam quinze minutos para as 8 horas da noite e eu já deveria estar no evento. *Nossa, não acredito!* Fiz o contorno e segui pela direção indicada. A cada minuto, meu coração apertava mais, assim como a estrada de terra estreita na qual eu me enfiava, a pior que já encontrei na vida. No final dela, vi um par de luzes muito forte. Depois eram três pares, ou melhor, três caminhões que vinham no sentido contrário.

Meu coração apertou de vez e comecei a rezar. Houve uma descida, onde deixei de enxergar as luzes, para tornar a vê-las em seguida, não mais na ordem de antes. O caminhão-cegonha no fim da fila tentava ultrapassar outras duas carretas. Apesar de ainda distante, algo me dizia que eu bateria nele.

Naquela mesma hora, o aperto no coração passou. Fiquei muito fria, centrada, e me perguntei: *Como vou fazer, Deus? Bato de frente, de lado, capoto?*

Subitamente, o medo abandonou meu carro. Virei o volante um pouco para o lado – hoje eu sei disso, mas na hora não tinha noção –, mas o caminhão, também. Todavia, a carga não acompanhou a máquina, formando um grande L na pista.

Meu automóvel se chocou contra a roda do caminhão. Se eu fosse um pouco mais para o lado, passaria por baixo da carreta e esse seria não somente o fim dos meus sonhos, mas da minha vida também.

Meu veículo capotou. Veio aquela sensação sem explicação, onde o mundo congela e um segundo se torna uma hora. Foi o suficiente para que eu pensasse: *Meu Deus, eu vou morrer agora. Vou morrer e não fiz nada no mundo. O que eu realizei? Como serei lembrada? O que eu deixei? O quê, o quê...* Então eu me recordo de pedir uma chance, porque tinha certeza de que a minha hora havia chegado. *Deus, não me deixe morrer, me dê uma chance. Eu prometo que, se eu viver, vou ajudar as pessoas, serei Seu instrumento na terra.*

De repente, tudo acabou e só veio a dor.

Meu carro foi parar no escuro de um bosque. Não desacordei de imediato – o que foi bem ruim. No momento do choque, o *airbag* inflou e impactou meu peito de forma que eu, consciente, não conseguia respirar direito. Parecia que meu corpo havia se esmigalhado por dentro. Quebrei meu pé direito. Meu joelho esquerdo se abriu e ficou exposto. Antes da batida, havia colocado os braços na frente do rosto, e o resultado é que eles ficaram queimados e repletos de cacos de vidro. Já não conseguia mexer um deles.

Eu me via coberta de sangue e achava que não sobreviveria. Só pensei em pegar o celular e ligar para meu pai. Ele atendeu já desesperado, porque o mais óbvio é que eu já estivesse na palestra e não era para estar telefonando para ele.

"O que foi, Gabriela?"

"Pai, vou morrer, eu te amo."

E desmaiei.

Mas não havia chegado a hora. O que se seguiu é que o motorista da carreta me retirou de dentro do que restou do meu carro e telefonou para o Corpo de Bombeiros. Uma espera torturante de quarenta e cinco minutos, pois estávamos em um local isolado. Fiquei deitada no asfalto. Nesse tempo eu despertei e comecei a gritar. Foi uma cena muito ruim, muito triste. Fui levada para um hospital público, onde me deram morfina, o que aliviou um pouco a dor. Mas era um hospital sem muita estrutura. Me colocaram no meio do corredor, onde chegavam pessoas em todas as situações possíveis e imagináveis. E eu, ali sozinha, em completo desespero.

Depois de três horas meu pai apareceu. O caminhoneiro havia se comunicado com ele pelo meu telefone. Do corredor, meu pai me avistou e eu a ele. Comecei a chorar. "Ah, minha filha". E foi assim que ele me pegou no colo depois que eu falei: "Pai, me tira daqui, por favor..." Eu não sabia se podia sair do hospital, mas eu não queria ficar ali. Tomado de coragem, ele me colocou no banco de trás do carro dele enquanto eu gritava de dor, e fomos em direção ao hospital de Franca.

Na estrada, nós vimos meu carro, ou melhor, o que havia sobrado dele, em um posto de gasolina. A frente do veículo iniciava no vidro. Não tinha roda dianteira nem motor. Aliás, nunca encontraram o motor. Apenas meu banco estava intacto, como se fosse um milagre de Deus.

Ele realmente tinha me escutado.

Assim que meu pai entendeu a gravidade, disse: "Filha, você teve uma segunda chance, porque não tem como alguém sobreviver...".

Meu pai estava certo. Depois do acidente, tentaria regressar para onde havia começado a minha caminhada. Ainda no hospital de Franca, no lugar que fiquei internada – com o perigo de morrer já descartado –, precisei rever meus conceitos e reajustá-los. Era um ano e meio de coisas ruins acontecendo, tudo dando errado. E eu ainda ficaria inoperante por um longo tempo, o que prejudicaria ainda mais minha carreira. E o pior, teria de voltar a morar na casa dos meus pais, com minha mãe, que cuidaria de mim, me dando banho e comida na boca, sendo que até aquele momento nossa relação não era das melhores. Ou seja, tudo estava desabando, me encontrava no fundo do poço. Se antes eu tentava colocar minha vida no eixo, agora dependeria ainda mais de ajuda. Precisava enxergar a luz para sair daquela situação.

Meu Deus do Céu, e agora?, conversei com Ele mais uma vez.

Parecia que não tinha mais nada a fazer. Era frustrante.

A única resposta foi buscar no meu passado um jeito de ressignificar a minha vida.

3. RESSIGNIFICAR

"Toda manhã na África, a gazela acorda. Ela sabe que precisa correr mais rápido que o mais rápido dos leões para sobreviver. Toda manhã, um leão acorda. Ele sabe que precisa correr mais rápido que a mais lenta das gazelas, senão morrerá de fome. Não importa se você é o leão ou a gazela. Quando o sol nascer, comece a correr."

Provérbio africano

Ressignificar.

Não seria diferente, quase todos os dias nos deparamos com diversas situações que nos testam. Episódios desafiadores que, muitas vezes, podem gerar traumas profundos. Um mesmo caso pode ocorrer para duas pessoas, mas cada uma irá sentir e encarar à sua maneira. Afinal somos seres únicos, com bagagens diferentes e pensamentos singulares.

É aí que entra um verbo que mudou por completo a minha forma de enxergar a vida: *ressignificar*. Muito utilizada por psicólogos, a ressignificação é uma ferramenta poderosa, um método da neurolinguística que faz as pessoas atribuírem novos significados aos acontecimentos. É maravilhoso! Quando aplicado, é como ir à superfície e respirar após ter ficado por muito tempo debaixo d'água.

Precisamos nos ressignificar na vida. Vou dar um exemplo: se você se sente muito mal de levar um *não,* é porque às vezes você tem medo de ser rejeitado, você sofreu com isso na infância, ou aconteceu algo que o traumatizou. Beleza, então ressignifica! Pensa assim: "Bom, isso aqui não é um *não* de rejeição, é uma chance para que eu aprimore minhas habilidades e possa revertê-lo em um *sim*".

Pode ser uma meta na sua vida: reverter todos os *nãos* em *sins*. Vamos supor que você receba dez *nãos* ao mês... Certo, então quando receber o próximo, você vai dizer: "Que *top*, recebi mais um *não*. Agora a minha meta é revertê-lo. Deixa eu ver quantos eu consigo". Sentiu a diferença? Então o *não* deixa de ser um peso e se transforma em um desafio que precisa apenas ser revertido. Essa mudança de percepção de como você ouve, como interpreta as situações, é transformadora. Devemos aplicar essa ferramenta em todos os aspectos da vida. Todos!

Quem nunca ouviu uma notícia de um pai que teve seu filho assassinado e conseguiu perdoar o bandido? Para muitos, isso parece impossível. E, de fato, não há dúvida de que é um trauma indescritível, uma dor profunda que deixará marcas eternas, mas mesmo nessas experiências traumáticas é admissível utilizar o poder da ressignificação. Pois em muitos casos, ressignificar está atrelado a perdoar e aceitar. Esses outros dois verbos são quebradores de correntes, absolutamente libertadores. Se um problema não tem solução, ele não tem solução. Simples assim. O que fará toda a diferença é a forma que olhará para ele.

O segredo de uma vida de sucesso – e não me refiro apenas ao lado profissional –, está na habilidade de ressignificar e de lidar com os desafios.

Mudar é preciso. E é evidente que toda mudança provoca dores, mexe com nossas crenças, nosso ego, comportamentos, anseios, cutuca nossas feridas mais protegidas e inconscientes. Sei que não é fácil, porque precisamos justamente ressignificar nos momentos mais difíceis e, para isso, é preciso que haja consciência desse dever. Para viver bem, somos obrigados a mudar constantemente. Entende? Não há evolução na estagnação. Por isso precisamos aceitar que as mudanças são processos divinos e primordiais para o nosso crescimento pessoal. Logo, ressignificar é mudar; muitas vezes é transformar o vinho em água; despir-se de velhas roupas que já não nos caem bem; atribuir valores nos lugares devidos. É complexo, não vou mentir! Pois implica em olharmos para dentro, nas profundezas da nossa mente e espírito, e reconfigurar o que já estava configurado, muitas vezes, desde que somos muito pequenos.

Ressignificar é conferir o que está inteiro e quebrado, consertar o que for necessário e seguir adiante, sempre em frente.

Ressignificar é um processo absolutamente individual e jamais dependerá de outra pessoa. Tenha isso sempre em mente.

Como uma árvore que renova suas folhas no outono, experimente se livrar de velhos hábitos e de pensamentos nocivos que só atrasam seu sucesso. Muitas vezes, por ter vivido uma vida inteira dentro de uma gaiola, ao ver a portinha aberta, um pássaro não compreende que pode sair e voar em liberdade e permanece ali, sobre o poleiro, com seu canto triste, desejando um dia sentir o vento em suas penas e desbravar o mundo nos raios de um lindo pôr do sol. Como disse o ativista indiano Mahatma Gandhi: "A prisão não são as grades, e a liberdade não é a rua; existem homens presos na rua e livres na prisão. É uma questão de consciência".

Portanto, seu futuro está em suas mãos, ou melhor, em sua mente.

Outra ferramenta que utilizo bastante em meu dia a dia é trabalhar minha inteligência emocional e olhar para cada situação com perspectiva distinta. Você já deve ter se colocado no lugar de outra pessoa em alguma situação, mas quando isso acontece em um conflito, principalmente quando estamos envolvidos, é praticamente impossível se posicionar do outro lado sem nenhuma carga emocional. Sendo assim, te convido a enxergar de forma diferente.

Vamos tentar. Lembre-se de um fato que te deixou chateado... Agora, imagine um triângulo na sua frente. Em cada uma das três pontas idealize o "EU", "OUTRO" e "OBSERVADOR". Imagine-se pelo menos dois minutos em cada extremidade. Primeiro no EU, observe como você se sente, o que tem vontade de fazer, quais atitudes pretende tomar. Agora, imagine-se sendo o OUTRO, como ele se sentiu, porque deve ter feito o que fez, com qual intenção, e baseado em quê. Depois se coloque em uma posição diferente, a do OBSERVADOR, sem emoção nem sentimento por não estar envolvido diretamente no conflito. De fora, tente analisar como cada um agiu, o que falou e pensou.

Depois disso, como foi essa experiência? Algo mudou na sua percepção da situação? Para finalizar, volte para sua posição EU e analise por mais dois minutos. Com base na visão que teve do OUTRO e do OBSERVADOR, seus sentimentos, emoções e visões estão iguais à primeira vez?

Esses e outros aprendizados que tive durante minha vida me ajudaram a chegar até aqui. Vale lembrar que os maiores ensinamentos que tive vieram dos momentos mais desafiadores, por isso, antes de pirar e achar que o mundo acabou, olhe a situação pelos três ângulos e descubra a melhor maneira de sair aprendendo algo que o levará à próxima etapa.

Quando você se concentra na dor, você sofre. Quando se concentra no aprendizado, você evolui.

4. CRESCER COM CRENÇAS

"Quando eu tinha 5 anos, minha mãe sempre dizia que a felicidade era a chave da vida. Quando eu fui à escola, eles me perguntaram o que eu queria ser quando crescesse. Eu escrevi: 'FELIZ'. Eles disseram que eu não tinha entendido a questão, e eu lhes disse que eles não tinham entendido a vida."

John Lennon

Mais importante do que saber aonde você vai, é nunca se esquecer de onde você veio.

Nasci em Franca, um município do Estado de São Paulo, no Dia do Trabalho, em 1987. Posso dizer que eu, a Gabriela Dermínio, já vim ao mundo "causando". Isso porque os médicos foram obrigados a realizar uma cesariana de emergência em minha mãe Adriana, pois o cordão umbilical estava enrolado em meu pescoço – mais alguns minutos e certamente você nunca teria ouvido falar de mim.

Nasci grande, com 52 cm e 4,200 kg. Era disparado o maior bebê do berçário. Como primeira filha e primeira neta da família – tanto do lado do meu pai como da minha mãe –, fui um bebê muito aguardado. Até a minha avó, que estava com o pé quebrado, fez questão de me visitar no hospital. Todos queriam me ver.

A minha mãe se casou com o meu pai com apenas 21 anos. Segundo eles, fui concebida três meses após o casamento. Como ela estava estudando pedagogia na época, minha chegada acabou comprometendo, de certo modo, seus planos. Assim, ela teve de parar a faculdade e largar o trabalho para cuidar de mim.

Essa pressa em chegar ao mundo acabou afetando nossa relação. Sem contar que ela teve uma infância muito difícil, com limitações e dificuldades emocionais. Éramos como gato e rato. Eu compreendo isso.

Quando eu tinha pouco menos de 1 ano – ainda nem andava –, ela ficou grávida do meu irmão, que se chama Eduardo, como o meu pai. Meus pais começavam a vida; construíam uma casa e ainda moravam de aluguel. Eles não tinham quase nada. Então, quando meu irmão nasceu, as coisas ficaram mais difíceis. Contudo, meu pai logo conseguiu um emprego em uma fábrica de calçados, em Franca, onde bem rápido virou gerente. Financeiramente, nossa vida ficou equilibrada naquele momento.

Há um episódio que preciso relatar, que hoje me parece bem engraçado, mas na época foi uma confusão só. Meu pai quebrou acidentalmente meus dois braços. Em um instante de descontração, no meio de uma brincadeira, ele disse "vem, filha!" e me puxou pelas mãozinhas. A família toda reunida em casa, naquele típico almoço de domingo. Eu dei apenas uma resmungada na hora, mas logo os resmungos converteram-se em choro. Me levaram ao hospital e foram constatadas as duas fraturas. Todo mundo brigou com meu pai, que quase morreu de remorso. Fiquei um mês engessada. Guardo uma foto como registro.

Com o passar dos anos, passei a fazer visitas à fábrica em que meu pai trabalhava e lá descobri como os sapatos eram produzidos. Portanto, desde muito jovem senti o interesse pelos negócios vibrando por dentro. Para quem não conhece, Franca é um importante polo industrial de calçados para o Brasil e um dos maiores da América Latina. A cidade faz parte da região periférica de Ribeirão Preto e tem aproximadamente 350 mil habitantes. São mais de 100 indústrias de vários portes. Cerca de 6% da produção nacional e 3% das exportações totais estão concentradas no município. O Índice de Desenvolvimento Humano (IDH), medido pelo Programa das Nações Unidas para o Desenvolvimento (PNUD), é considerado elevado.

Um dia a empresa em que ele trabalhava faliu e meu pai foi junto para o buraco. Passamos a estudar em escolas públicas e as dificuldades deixaram de ser simples para abalar a nossa estrutura familiar.

Desde então, meu pai continua em sua busca na realização profissional.

Eu estava na 5ª série quando estudava na Escola Estadual Mário D'Elia. Minha mãe assumiu ser dona de casa e isso meio que a frustrou. Eu e meu irmão vivemos uma infância rígida. Minha mãe tinha suas próprias regras e eu não entendia de onde ela tirava suas certezas. Nunca pude dormir na casa das amigas, não podia passear no único shopping da cidade, não podia nem ao menos trabalhar... Lembro bem quando íamos para a praia e minha mãe me proibia de tirar a camiseta e o boné, assim como me obrigava a dormir todas as tardes, mesmo contra a minha vontade; sem contar que ela ficava entrando no quarto de tempos em tempos para verificar se eu ainda estava "dormindo", situação que me assustava para valer com a porta se abrindo de surpresa. Até hoje, qualquer barulho me assusta.

Meu refúgio foi, de certa forma, a casa dos meus avós. Todos os dias, após a escola, eu seguia para a residência deles e a ordem era que eu não saísse de lá. Sentia-me muito presa e, por ter um espírito livre e sonhador, à medida que fui crescendo meu relacionamento com minha mãe se tornava cada vez mais complicado.

Na escola, eu era curiosa e agitada. Mas também muito educada. Perguntava a todo instante, falava alto e adorava apresentar os trabalhos na frente de todos. Nunca transpareci timidez. Dançava *balé* e *jazz*. Era a mais alta da classe, magrela e com as perninhas tortas quando criança, o que me obrigou a usar botas ortopédicas até uns 11 anos, quando elas se endireitaram. Por isso, fui presenteada com um apelido nada agradável em uma época em que nem se falava de bullying, mas que já era bem comum entre os corredores de carteiras.

Eu era a *girafa* do colégio. E permaneceria assim por muito tempo.

A época de provas era extenuante. Minha mãe me obrigava a decorar as matérias, página por página dos livros, me forçando a repetir exaustivamente o que estava escrito. Não podia errar uma única palavra. Se eu não decorasse tudo, ficava trancada por horas no quarto. Então eu me esforçava ao máximo para me livrar da "punição". E nesse sistema, os professores achavam que eu colava, porque eu respondia exatamente como estava descrito no livro.

Era um esforço diário para superar um dos meus primeiros desafios. Para muitos pais e alunos, uma nota 8 é encarada como satisfatória. Para minha mãe, isso significava castigo. E eu morria de medo.

Embora não enxergasse isso no passado, hoje eu vejo que essa atitude me ajudou bastante. Sou muito disciplinada e busco o meu melhor nas apresentações. E dotada de uma improvisação nata, minhas palestras seguem com fluidez e toques divertidos.

Com uma infância e adolescência nada fáceis, sofri bastante. Também com as brigas conjugais quase que diárias dos meus pais, o que me trouxeram várias crenças limitantes que me atrapalhariam nos meus futuros relacionamentos. Guardei por muito tempo mágoas e emoções conturbadas... Estas que, felizmente, consegui ressignificar ao longo da minha trajetória.

E isso me levou ao meu primeiro grande e sério objetivo.

5. EXPECTATIVAS

"Liberdade significa responsabilidade. É por isso que tanta gente tem medo dela."

George Bernard Shaw

O sonho da minha vida sempre foi experimentar a liberdade. Aos 15 anos, enfiei na minha cabeça que seria milionária aos 30 anos, que viajaria o mundo todo e que faria algo muito grande nessa vida. Sabia que precisava começar o quanto antes. E assim consegui o meu primeiro emprego em uma lojinha perto da casa dos meus avós. Eu fui até lá escondida e, na cara de pau, perguntei para a dona, Cecília, se ela podia me contratar. Não havia vaga para o momento. Fiz a contraproposta de receber 10 reais por dia, aparecendo por lá após as aulas. Em termos de recompensa financeira não significava muito, mas meu objetivo estava alguns degraus acima. Ela concordou, mesmo com a minha pouca idade.

Como primeira ocupação profissional, aprendi muita coisa nova. Mesmo que ser vendedora significasse dobrar roupas na maior parte do tempo, foi uma primeira experiência extremamente válida para meu crescimento.

Aos poucos, conquistei a confiança da Cecília. Logo adquiri responsabilidades maiores, como fechar a loja ou tomar conta do caixa. Quando comecei a ganhar meu próprio dinheiro, enxerguei ali um caminho para objetivos mais longínquos.

Aos domingos, eu e minha família tínhamos uma rotina. Assistíamos à missa em uma paróquia próxima da minha casa. Embora tenha feito Primeira Comunhão e Crisma, e tenha crescido no catolicismo, a verdade é que eu não gostava muito de ir à igreja. Eu não entendia por que a maioria das pessoas ia à missa e, logo que saíam dali, começavam a brigar. Via isso na minha própria casa, ou seja, não seguiam nenhum ensinamento que era transmitido. Aquilo não entrava na minha cabeça. Não entra até hoje, para falar a verdade.

Acredito que existe um motivo para cada um estar nessa vida, acordar todas as manhãs respirando com uma nova chance de fazer tudo diferente, um propósito para nossa existência. Estamos aqui para evoluir e ajudar uns aos outros na sua evolução. Para desenvolver a capacidade de amar. Não teria sentido, na minha opinião, se não fosse assim, já que não carregamos nada dessa vida, exceto o que nos tornamos nesse processo. Hoje quando me perguntam sobre minha religião, digo que não sigo nenhuma e que respeito todas. Me considero uma pessoa espiritualizada, que está sempre em busca. Sou mestre de Reiki, pratico meditação diariamente, leio muitos livros (especialmente a *Bíblia*), tento ser um melhor ser humano a cada dia, ajudar as pessoas, inspirá-las. Tenho uma fé inabalável em Deus, converso com Ele todos os dias; é o meu melhor amigo, que muitos chamam por outros nomes. E queremos sempre que nossos amigos tenham orgulho do que fazemos, não é mesmo?

Depois da igreja, passeávamos em família no shopping. O lugar aguçava ainda mais meu sentido de vendedora. Era como um parque de diversões para quem vivia sedenta por aprendizado. Tanto que meu segundo emprego foi em uma nova loja de roupas lá dentro. Fiz amizade com o gerente. Claro que fui insistente para pedir um emprego, porém ainda havia a barreira da idade. Eu tinha somente 16 anos e, de acordo com a sociedade, pessoas muito novas estão longe de terem tanta responsabilidade. Mas eu visitava frequentemente a loja, observava tudo, sabia onde ficavam os produtos. Até que uma vez, eu estava lá dentro e, com muita audácia, atendi um cliente por conta própria. Esse gerente viu e percebeu minha educação, simpatia e vontade. No dia seguinte ele me ligou e falou: "Pode vir. Eu tenho uma vaga para você".

Fiquei superfeliz. Fui a vendedora mais nova a trabalhar lá. Ele me ensinou muito sobre vendas.

Eu tenho uma característica bem importante no empreendedorismo que é "ser ensinável". Eu aprendo muito rápido. Aplico tudo que me ensinam sem hesitar. Acabei ficando muito boa. Com frequência, alcançava o primeiro lugar nas vendas. Então esse gerente recebeu uma proposta para trabalhar em uma loja maior, e eu fui a primeira que ele levou consigo. Fiquei nesse trabalho por um tempo. Foi nessa loja que conheci o meu primeiro namorado oficial, um relacionamento que durou quatro anos. Digo oficial porque tive um antes, escondido dos meus pais aos 16 anos, que foi o responsável pela minha primeira decepção amorosa, quando descobri que ele namorava comigo e com outra garota. Mas essa é uma longa história, que daria um capítulo inteiro a mais no livro.

Na sequência, fui transferida para uma loja no centro da cidade, muito mais imponente, de uma marca famosa de jeans. A loja era inteira de vidro, bem bonita, e o horário era muito mais flexível. Ficaria ali por mais uns meses, embora começasse a me cansar de trabalhar com roupas.

Meus 18 anos nunca foram tão esperados. Com ele, tinha certeza de que novas portas se abririam. Decidi que queria trabalhar em um banco. Encontrei uma nova oportunidade na Caixa Econômica Federal. A vaga era de agente de seguros, para vender previdência, capitalização etc. Parecia legal, eu continuaria sendo uma vendedora, embora o produto em nada se assemelhasse ao que eu estava acostumada. Então, fui até lá me candidatar. Passei na seleção e, quando segui para a entrevista coletiva, que tinha cerca de vinte pessoas, disseram que precisávamos elaborar uma história que convencesse e que fosse atrativa para a venda de um produto. Pois bem, eu segui exatamente as orientações e dei o meu melhor.

Assim que acabou a entrevista, o recrutador falou assim: "Gente, é o seguinte, não vamos enrolar vocês. Já escolhemos a pessoa. Gabriela, você está contratada".

Fiquei impressionada. Eles gostaram mesmo do que falei.

Assim, comecei a trabalhar dentro do banco. Me sentia realizada, tinha minha própria mesa, meu computador, meu ramal com telefone, como "gente grande". Fazia tudo que me pediam e muito mais. Era prestativa, atingia todas as metas e nos primeiros meses fui premiada com uma viagem em um hotel-fazenda em Campinas. Vendia muito. Eu possuía uma lábia e tanto e adorava o clima do banco – essa é a verdade. Era amiga de todos e tinha um relacionamento ótimo com os clientes. Nessa época eu fazia Administração no Centro Universitário Municipal de Franca (Uni-FACEF), e estava conseguindo conciliar as duas ocupações com maestria.

Foi quando surgiu uma vaga de subgerente do Banco Real. Novamente, fiz uma entrevista e passei. Pedi demissão da Caixa Econômica Federal e assumi novo cargo e lugar. Depois de um ano, o Banco Real foi comprado pelo Santander e fui promovida para gerente Van Gogh. Nesse meio-tempo, com uma grana que recebi da divisão dos lucros, fiz um intercâmbio para aprender inglês no Canadá. Foi uma experiência notável, em aspectos positivos e negativos. Fiquei bastante empolgada com a minha primeira viagem para fora do Brasil. Ali percebi realmente o quanto gostava de lidar com as pessoas, de conhecer outras culturas e, principalmente, tomei consciência de que o mundo é gigantesco e maravilhoso. Estive três semanas em Vancouver, em uma casa de família – mas, devo dizer, a anfitriã que aceitou me receber durante o período do curso lembrava-me muito a minha mãe. Ela estipulava horários para tudo. Se eu chegasse atrasada em casa, por exemplo, não poderia comer. O problema é que eu estava apertada de grana, e, querendo ou não, contava com aquela alimentação, além da hospedagem. Então você pode imaginar que, embora eu estivesse acostumada com uma "mãe rígida", tudo o que eu menos desejava era viver essa opressão em outro país. Não era a experiência que eu almejava.

Outro ponto que não ajudou foi que cheguei ao Canadá durante o inverno. Chovia bastante e escurecia muito cedo. Passei um frio tremendo – definitivamente, não nasci para morar em terras geladas! No entanto, apesar de o clima não me agradar, conheci um país absolutamente lindo, com paisagens de tirar o fôlego, pessoas nitidamente civilizadas e educadas, e ruas extremamente bem cuidadas.

Devo dizer, portanto, que a viagem, embora não tivesse atingido 100% das minhas expectativas, foi válida e me abriu os olhos para a possibilidade de morar em outro país.

Não, eu não poderia mais continuar em Franca.

Voltei para o Brasil e continuei estudando e focando no meu trabalho no banco. Sabia que precisava primeiro me formar e juntar um bom dinheiro para seguir com meu plano. Como gerente Van Gogh, ganhei vários prêmios pelas metas alcançadas, mas era o tipo de prêmio que hoje me faz rir quando lembro. Eu vendia pra caramba e ganhava uma garrafa tipo *squeeze*, por exemplo. Em contrapartida, a pressão e a cobrança aumentavam. Comecei a me estressar muito na agência, enxergava pessoas querendo puxar meu tapete a todo instante. Atingi um ponto em que precisei de ajuda. Encontrei na acupuntura. Embora tenha melhorado minha saúde, não mudou minha percepção de que não era o que desejava para minha vida.

Certo dia, cheguei no banco e percebi que não havia ninguém lá dentro em que pudesse me espelhar, ou cargo que quisesse ter algum dia. Olhei para a mesa de algumas pessoas que trabalhavam há pelo menos dezoito anos e a vida delas estava longe de ser parecida com a que sonhava para mim. Então resolvi sair. Essa decisão me causou inúmeras dores de cabeça, como quando precisei comunicar meu chefe e meus pais. Criei coragem, sentei na mesa do gerente geral, o mesmo que tinha me contratado, abri meu coração e fiz um acordo de desligamento, assim receberia o dinheiro do acerto para montar um negócio. Doce ilusão. Não tinha ideia de quanto precisaria para montar um negócio próprio. Eu ainda nem sabia por onde começar. Considerei abrir alguma franquia, mas todas que pesquisei necessitavam de um investimento enorme, quantia que fugia completamente da minha realidade. Minha única certeza era que não queria voltar a trabalhar em banco. O problema foi quando contei essa decisão para os meus pais. Eles surtaram. Disseram que eu estava louca, que estava destruindo a minha carreira, porque eles tinham muito orgulho de ter uma filha gerente de banco. Além disso, eu era um exemplo da família para as amigas de minha mãe. Achavam um absurdo eu dizer que estava saindo de lá pelo motivo que eu havia definido como a meta maior da minha vida.

Mas eu já estava decidida. Não podia perder de vista os meus sonhos. Faria algo grande no planeta, viajaria o mundo, ajudaria as pessoas e me tornaria milionária aos 30 anos com um bom propósito.

6. *FAR AWAY*

"Podemos viajar por todo o mundo em busca do que é belo, mas se já não o trouxermos conosco, nunca o encontraremos."
Ralph Waldo Emerson

Enquanto cumpria o aviso-prévio de trinta dias no banco, minha ansiedade me impelia a pesquisar países e lugares para onde eu poderia viajar em busca de voos maiores. Assim, como havia provado e não gostava muito de climas gelados, acabei optando pela Austrália, que apresenta uma atmosfera parecida com a do Brasil. Mas eu precisava ainda encontrar um curso e uma cidade. Sidney, Melbourne, Brisbane e Gold Coast eram cidades bem conhecidas e abarrotadas de imigrantes brasileiros. Isso implicava que minha adaptação poderia ser mais fácil, contudo ia contra uma de minhas principais expectativas, que era aprender a falar inglês rapidamente, algo impossível para alguém que tinha passado tão curto tempo no Canadá. E se eu continuasse me comunicando com os outros em português, levaria mais tempo.

Era, para mim, a chance de dar uma reviravolta na vida. Então escolhi um lugar não muito visado pelos brasileiros: Perth, a maior cidade da Austrália Ocidental, além de um importante centro comercial, com uma população de 2 milhões de habitantes. É também uma das metrópoles mais isoladas de todo o planeta. Ou seja, se eu quisesse ir para as cidades mais badaladas – se é que posso chamá-las assim –, teria de encarar viagens muito longas de avião. Essa não era, efetivamente, minha intenção.

Meu plano começava a ganhar corpo ainda no Brasil. Localizei um curso de quatro meses em que eu ganharia mais dois meses de visto, portanto, seriam seis meses sozinha vivendo do outro lado do mundo. Parecia o plano perfeito. Achei melhor ficar em casa de família por uma semana, era uma garantia de que seria bem-recebida e teria instruções básicas sobre a cidade. Encontrei uma senhora com mais de 60 anos, dessa vez com perfil aparentemente distante da anterior.

Tudo estava caminhando bem, as estratégias eram traçadas, só faltava organizar o dinheiro para iniciar aquela jornada. Então dei dois passos importantes: juntei o acerto do banco e vendi o meu carro. Eu tinha um Palio azul-marinho de duas portas que havia comprado aos 18 anos quando estava prestes a tirar a minha carta de motorista. Foi a minha primeira importante conquista material. Só que quando decidi vendê-lo, ele ainda não estava quitado – faltavam oito parcelas para extenuar um parcelamento de cinco anos –, sem contar que o capô e o teto já estavam desbotados de tanto que ele "dormiu" na rua, no sereno. Minhas amigas não gostavam de andar comigo, tinham muita vergonha do meu carro. Mas eu o amava, achava ele maravilhoso! Vendi-o por um preço justo. Acabou que o valor que consegui pelo carro e o acerto do banco deram a quantia exata de que precisava para viajar e ficar seis meses na Austrália: 21 mil reais. Mas eu precisava de um pouco mais de dinheiro para me manter nos primeiros dias, até conseguir um emprego.

Fiz minha mala e a deixei escondida. Minha mãe não poderia nem sonhar que eu iria viajar e ficar tanto tempo fora – eu ainda estudava a melhor forma de revelar minha decisão. Se eu contasse naquele momento, provavelmente seria crucificada e proibida de ir. Meu pai sabia, e, a meu pedido, guardou segredo para que eu mesma falasse sobre a viagem.

Poucos dias antes de embarcar, resolvi fazer um bazar em casa. Chamei as minhas amigas e vendi todas as roupas, sapatos, vidros de perfume pela metade e acessórios que não entrariam na minha bagagem. Coloquei tudo nas duas camas de solteiro do meu quarto e estipulei preços fixos para blusinhas, calças e vestidos (para minha mãe, eu dizia que apenas queria me desfazer de coisas velhas). Na minha cabeça, eu não voltaria tão cedo. Embora estivesse com passagem de retorno comprada – o que era um requisito para tirar o visto –, não pretendia voltar quando os limitantes seis meses apitassem como um despertador. Eis que, com o bazar, consegui juntar mil dólares. Vendi tudo, foi um sucesso.

E havia chegado o dia da viagem. Coloquei a bagagem no carro do meu pai e saímos na surdina de casa.

A caminho do aeroporto de Guarulhos, em São Paulo, resolvi pegar o celular e fazer a tão difícil ligação:

"Mãe, olha, eu vou fazer uma viagem... Eu quero conhecer coisas novas. Aqui não tem jeito, eu tô indo viajar."

"Pra onde você vai, Gabriela?"

"Eu vou pra Austrália!"

"Como assim, pra Austrália?", ela surtou. Naquele momento percebi que se prolongasse muito a conversa, seria pior.

"Mãe, relaxa, vou lá rapidinho e já volto." E desliguei.

A verdade é que meu pai teve de suportar toda a fúria de minha mãe assim que ela soube de todo o plano. Ainda mais que, de fato, não fiquei somente os seis meses previstos na Austrália, mas sim três anos.

Essa viagem foi mesmo um divisor de águas. Meu primeiro objetivo começava a se firmar: a liberdade.

Após muitas horas de voo, cheguei em Perth. Fiquei uma semana em uma casa de família. Dessa vez, a mulher que me recebeu era um amor de pessoa. Ela me deu um mapa e explicou como funcionava o transporte na cidade. Ainda no primeiro dia, me acompanhou no metrô até o curso. O engraçado é que eu pensava que tinha uma boa noção do idioma, mas percebi que não sabia nada. Aquilo seria um empecilho, pois eu precisava arrumar um emprego urgentemente.

Ainda assim, não hesitei. Pouco antes de voltar para casa conversei com a professora e ela me apresentou um site de classificados chamado *Gumtree* – nunca vou esquecer, porque eu olhava aquilo o dia inteiro. E me explicou tudo que eu precisava fazer. Não tinha muita experiência, porém descrevi as minhas habilidades da forma mais potencial que consegui. Precisei fazer isso, caso contrário dificilmente receberia alguma oportunidade. Geralmente estrangeiros que chegam no país para estudar conseguem com mais facilidade empregos como recepcionista, garçonete, bartender etc. Nada em que eu tivesse experiência.

Imprimi meu currículo, peguei os endereços e fui com a cara e a coragem.

Cheguei no C Restaurant, no 33º andar de um prédio maravilhoso. Ele era cercado de vidros e, acredite, tinha uma proposta bem inusitada: enquanto os clientes comiam sentados às mesas, um mecanismo fazia o restaurante girar 360 graus, presenteando a todos com um visual panorâmico da cidade que impressionava qualquer "pandjanga" do interior de São Paulo.

Como um robô falante, cheguei e disse:

"*Hello, I'm looking for a job.*"

A gerente da casa veio me entrevistar. Deus me abençoou muito naquela hora, porque não sei se ela estava com pressa, mas ela olhou meu currículo e perguntou em inglês:

"Brasileira? Você pode começar amanhã?"

"Sim, sim."

Primeiro dia, primeiro passo dado. Só que havia um problema. A mulher não entendeu que eu não sabia falar inglês direito e, no dia seguinte, quando cheguei para o trabalho, fui colocada para atender o telefone. Recebi uma roupa linda, o que não disfarçava minha cara branca de medo como um fantasma, e fiquei congelada no lugar mais *top* do restaurante, à frente dela.

Justo quando surgiu o dono do restaurante, e queria saber quem era a nova brasileira da casa, o telefone tocou. Meu coração disparou. A gerente me olhou e encarou o telefone, como se dissesse: "Não vai atender?".

Juro, nunca passei uma vergonha tão grande sem compreender o que a outra pessoa me dizia.

"*Hello, C Restaurant, Gabriela speaking. Sorry... yes...*"

Uma mulher conversava comigo do outro lado da linha e o pânico me consumia de forma avassaladora. Sem saber o que fazer, repassei o telefone para a gerente, que deve ter escutado como poderiam colocar uma pessoa que não sabe falar inglês para atender o telefone. Na hora que ela desligou, muito brava, começou a falar comigo, mas eu nem sequer conseguia compreender a bronca. Provavelmente ela havia se arrependido de ter me contratado, só que já tínhamos assinado os documentos, então ela falou:

" Você vai ser garçonete. Pode trocar de roupa!"

De fato, era uma posição muito mais confortável para quem ainda não dominava a língua local. Então comecei a trabalhar. Ganhava 26 dólares por hora e só podia trabalhar vinte horas semanais, legalmente, por causa do visto de estudante. Logo percebi que não conseguiria me manter. Ao conversar com alguns colegas do curso, encontrei um apartamento para morar – que ficava bem perto da escola; um achado! –, só que mesmo dividindo com mais três pessoas, o aluguel saía por 400 dólares por semana. Então eu precisava, de qualquer jeito, de outro emprego.

Dobrei minha ocupação de garçonete, atendendo em outro restaurante. Teoricamente, eu não poderia computar tantas horas de trabalho, mesmo que em locais diferentes. Com os quatro meses de curso findando, eu teria apenas mais dois meses de férias antes de retornar para o Brasil. Mas eu não queria voltar. E eu sabia que, durante esse período, eu poderia trabalhar quantas horas quisesse.

Passei para oitenta horas por semana em quatro empregos distintos. Eu era barista em um café; *bartender* em uma balada; garçonete no restaurante e recepcionista em outro local. Dadas as circunstâncias, meu inglês havia alcançado uma maturidade considerável. Minha comunicação já não era um problema. Consegui juntar uma boa grana. No entanto, meu visto estava chegando ao fim.

Para continuar na Austrália, eu precisava de um curso maior, com tempo suficiente que valesse a pena. Acabei encontrando uma pós-graduação em marketing, com duração de dois anos, que me dava mais alguns meses de "férias".

"Mãe, vou ficar mais dois anos aqui na Austrália", disse a ela em uma ligação.

"Pelo amor de Deus, Gabriela, eu não acredito! Você enlouqueceu!"

Durante a pós-graduação em marketing, tive três empregos. Minha rotina era a seguinte:

- Trabalhar no restaurante das 8 da noite à meia-noite.
- Emendar com o emprego na boate da meia-noite e meia às 4 horas da manhã como bartender.
- Ir para casa, tomar um banho e trocar de roupa.
- Levantar às 6h30 da manhã para trabalhar no café como barista até a uma da tarde.
- Seguir para a pós-graduação, das 2 às 7h30 da noite.

Tinha também vários amigos e um namorado, com quem fiquei mais de um ano junto, e que dividia minha atenção.

A vida na Austrália era maravilhosa: eu morava em uma cidade de praia, linda demais, e fui muito feliz nesses anos em que fiquei lá. Minha rotina era extenuante, mas minha determinação para vencer financeiramente na vida me impulsionava. Só que eu sabia que com aquele formato que vinha seguindo, nunca me tornaria milionária. Eu precisava virar sócia de algum empresário. Tentava fazer alguma parceria com os donos dos restaurantes em que trabalhava, abrir alguma franquia, tocar meu próprio negócio, só não sabia ao certo para onde ir. Cheguei a verificar quanto custava para abrir uma franquia da Yogoberry, já que havia me deparado com uma loja bem simpática em uma ruazinha de Perth, mas o valor era estratosférico. Depois fiz uma rápida investida no YouTube criando um canal chamado "Be noise the world" (Faça barulho no mundo), com meu querido amigo colombiano Charlie, com quem mantenho contato quase diário até hoje, mas logo percebi que esse não era o meu caminho.

Foi quando, com dois anos e meio de residência na Austrália, uma mensagem no Facebook mudou a minha vida.

7. FÁBULA

"Não se esqueça todos os dias de olhar em seis direções:

» Para a frente – para saber onde você está indo e planejar com antecedência;

» Para trás – para lembrar de onde você veio e evitar os erros do passado;

» Para baixo – para se certificar de que você não está pisando em outras pessoas e causando sua ruína;

» Para os lados – para ver quem está lá para apoiá-lo e ver quem precisa do seu apoio;

» Para cima – para se lembrar de que Deus está no controle e cuida de tudo e de todos;

» Para dentro – para se lembrar do quanto precisa melhorar no caminho."

Autor desconhecido

Esgueirando-se pelas charmosas ruas de Paris, cinquenta ratinhos seguiam em direção à famosa Torre Eiffel. Eles tinham um sonho, um objetivo: subir até o alto daquela edificação metálica, escalar os 324 metros de altura e encher os olhos com a vista privilegiada da cidade que tanto amavam.

— Vamos subir? — um dos ratinhos inquiriu quando todos chegaram à base do monumento.

— Vamos nessa! — os outros disseram em uníssono. A empolgação tomava conta do grupo.

Assim, os cinquenta ratinhos iniciaram a vertiginosa subida.

Logo no início, dez deles caíram.

— Ei, vocês vão cair também, desçam daí. É muito difícil andar nessas placas de ferro. Onde estávamos com a cabeça quando tivemos essa ideia de jerico? — gritaram e riram os que estavam embaixo.

Eis que, quando estavam chegando na metade do trajeto, mais vinte caíram.

— Parem de subir — berraram os que haviam acabado de despencar. — Estamos muito machucados. Se continuarem irão morrer! Nenhum rato sobrevive a uma queda tão grande.

Não deu outra. Apavorados com as palavras daqueles que não haviam conseguido, mais dez ratinhos resolveram descer, abandonando, portanto, o sonho de atingir o cume da Torre Eiffel.

Os quarenta roedores na base se esgoelavam sem parar, desmotivando os dez ratinhos que ainda persistiam na empreitada.

— Ó, seus trouxas, vocês vão cair! Querem perder a vida? Desçam enquanto podem!

Aquela frase, que chegou rasgando com o vento, entrou nas orelhas de cinco ratinhos e, simplesmente, levou-os ao chão.

— Esse sonho é impossível! — os outros gritaram, tentando alertar os que ainda perseveravam.

Quando ouviram a tenebrosa frase, e apesar de estarem bem perto de chegar ao topo, quatro ratinhos, apavorados, pararam a escalada e conversaram entre si:

— Eles tentaram subir e caíram. Eles sabem o que estão dizendo. O sonho é impossível mesmo. Vamos descer!

Até que sobrou apenas um, que continuou a subir.

Os 49 que ficaram embaixo, quando perceberam que o ratinho estava quase alcançando o ponto mais alto da torre, iniciaram uma tempestade de argumentos para que ele desistisse. Mas aquele ratinho estava focado, obstinado a alcançar seu objetivo e em momento algum olhou para trás.

— Minha nossa, ele subiu! Ele conseguiu! Conquistou a Torre Eiffel!

Todos estavam estupefatos, em silêncio, sem acreditar que aquilo havia acontecido.

O ratinho desfrutou da vista mais maravilhosa de toda sua vida. Ficou por algum tempo admirando a magnitude daquela cidade, sentindo o vento fresco acariciando seus pelos, como uma recompensa por ter se esforçado tanto. Ele estava muito contente, seus olhos brilhavam, seu sorriso evidenciava seus largos dentões. Mas, após um tempo, ele percebeu que era o único que havia conseguido.

— Ué? O que aconteceu? Por que será que os outros não subiram? — ele pensou, intrigado, e, movido pela curiosidade, resolveu descer para averiguar. Chegando no solo alguns o receberam com aplausos, outros estavam com inveja e não quiseram parabenizá-lo.

— Você é o melhor de todos! — disse um deles, dando

tapinhas em suas costas. — Como você conseguiu essa façanha? Todos disseram que era impossível e você foi lá e provou o contrário!

O ratinho, como era bom em ler lábios, finalmente havia compreendido o que ocorrera. Ele apanhou um pedaço de papel e escreveu o seguinte:

— Eu sou surdo!

Essa fábula é poderosa. Você já deve ter percebido por que o ratinho subiu. Ele simplesmente nunca ouviu quando falaram que não conseguiria, que não era capaz, que aquele sonho era impossível.

Quantas vezes por dia nós nos deparamos com pessoas exatamente com a mesma mentalidade dos 49 ratinhos que desistiram? Somos bombardeados a todo instante com negatividade e com situações que, se não tivermos treinado nossa mente para bloquear, são capazes de afetar nosso humor e nos desanimar.

O caminho mais fácil é desistir. E sabe por que a maioria dos ratinhos que desistiram ficavam gritando para desmotivar os que ainda estavam tentando? Porque assim como na vida, quando as pessoas dizem que você não pode, elas estão se baseando nos limites delas, e não nos seus.

Sejamos todos "surdos"! Assim como eu sempre fui!

8. ELDORADO

"Nos meus fracassos encontrei a força para conquistar meus triunfos."
Autor desconhecido

Àquela altura, minha meta de ser milionária aos 30 já não era surpresa para ninguém, especialmente para os que haviam ficado no Brasil. Através do Facebook, recebi uma mensagem do meu amigo Rodrigo, de Franca, que dizia ter encontrado um negócio que iria mudar minha vida, segundo ele, algo com o qual eu sempre sonhei. Eu iria poder viajar o mundo e ganhar dinheiro suficiente para cumprir meu objetivo.

Então, onde ficava esse Eldorado maravilhoso?

Pedi mais informações, no entanto ele disse que estava ocupado no momento e que no dia seguinte conversaríamos. Eu já estava supercuriosa, e quem sabe esse seria meu caminho tão esperado. Fiz o maior drama e disse que ele precisava me contar naquele segundo, pois não aguentaria esperar nem mais um minuto.

Abrimos o Skype e conversamos. Ele contou que tinha ido em uma reunião de marketing de rede de uma empresa americana de bem-estar para cerca de 100 pessoas. Era uma empresa enorme e que já estava em 40 países, inclusive na Austrália. Que a pessoa que estava apresentando perguntou para o público: "Vocês conhecem alguém que quer mudar de vida? Que quer abrir um negócio, que quer viajar o mundo? Que não quer ter chefe? Que quer ser milionário?", e que na hora ele pensou "Nossa, é a Gabi. É a Gabi. É a cara da Gabi, isso aí". Então ele me explicou se tratar de um produto incrível, que a empresa não investia em marketing, que pagava os consumidores para divulgar a marca. "Você não vai ter chefe. Não vai ter funcionário. Não vai ter estoque. Você não precisa ter experiência para ter sucesso. Você vai se desenvolvendo à medida que o negócio for crescendo. Se der tudo errado, o pior que pode acontecer é beber todos os produtos", disse ele.

Era bom demais para ser verdade, mas eu precisava mesmo de novos planos. Na mesma hora, pedi que me cadastrasse. Rodrigo explicou que eu necessitaria investir 900 dólares (naquela época, a conversão do dólar estava em menos de dois reais) para entrar no negócio, e que receberia os produtos em casa – a empresa vendia açaí, sucos de frutas, energéticos, shakes, barrinhas de cereais. Sem pensar duas vezes, peguei o dinheiro que estava juntando dos três empregos e fizemos o cadastro mais rápido da história.

Assim que finalizamos, recebi um e-mail de boas-vindas dizendo que agora eu fazia parte da marca. Ganhei login e senha para a minha própria plataforma on-line. Estava muito animada. O problema é que não sabíamos qual era o próximo passo.

"Rodrigo, o que tenho que fazer agora?"

"Não tenho ideia, Gabi. Eu me cadastrei ontem..."

"Pergunta para a pessoa que te cadastrou", pedi.

Depois de alguns minutos, ele afirmou:

"Gabi, ele não sabe também, porque, na realidade, fizemos o cadastro juntos."

"Tá, mas o que que eu faço?"

"Não sei."

Como nada era fácil na minha vida, digitei o nome da empresa nos sites de busca e acabei encontrando a sede da Austrália, que era em Sidney. Com ela, o telefone do gerente geral. Liguei para ele:

"Olá, David, tudo bem? Meu nome é Gabriela, sou brasileira, comecei na empresa de vocês e estou aqui na Austrália. Onde que tem reunião? Porque pelo que eu entendi, meu amigo que me cadastrou foi a uma reunião".

"Ainda não chegamos em Perth", ele simplesmente respondeu.

"Está bem, mas agora tem eu aqui. O que que eu faço?"

"Olha, o dia que tiver um diamante aí a gente faz um evento em Perth."

"Ok. Obrigada, querido, tchau."

Desliguei o telefone e fiquei por alguns segundos com cara de paisagem. Não tinha entendido nada daquela conversa. O que era um *diamante*? Novamente recorri ao Rodrigo. Ele também não sabia explicar. Só depois descobrimos que a pessoa cadastrada precisava bater um patamar para virar diamante. Significava atingir determinado número de pontos, que eram como uma moeda, que media a movimentação de produtos da rede, que geravam faturamento para a empresa, daí viria minha comissão. Resumindo, teria que construir um mercado consumidor para a marca por meio do meu network.

Bem, já que não havia nenhum diamante em Perth, eu teria que me tornar um. Pesquisei no YouTube e achei um rapaz americano que tinha virado Black Diamond – um dos maiores – em dez meses. Necessitava "consumir" tudo sobre ele. Listei os materiais que ele havia postado e comecei a assistir. Havia um vídeo em que ele apresentava todos os bens materiais que havia conquistado: os carros, a mansão que morava com a família, além de falar sobre a vida que levava, seu desenvolvimento, o líder que havia se tornado. Na hora ele virou a minha inspiração, era tudo o que eu queria ser.

Estudei a fundo a forma como ele agia. Entendi que o primeiro passo era apresentar o negócio às pessoas. Se elas gostassem da proposta, eu as cadastrava (como Rodrigo tinha feito comigo), elas comprariam os produtos para consumir ou vender e eu ganhava uma comissão. Essas pessoas fariam o mesmo, cadastrando seus conhecidos e, dessa forma, a rede aumentaria e todos passariam a receber uma porcentagem sobre os produtos que fossem consumidos pela rede que cada um construía. Então eu precisava somente compartilhar os produtos e a oportunidade que haviam me dado. Só que eu não sabia como apresentar o negócio. E como morava na Austrália, em inglês.

Eu já me virava bem com o idioma, apesar de não me considerar tão fluente. Como na época da escola, passei a decorar as falas do interlocutor Black Diamond; ouvia, pausava e escrevia em um papel (obrigada, mãe!). Ou seja, minha ideia era apresentar de forma tão semelhante à dele que em pouco tempo eu também me tornaria diamante.

Durante os minutos de descanso, nos intervalos entre um trabalho e outro, decorei a apresentação. Em três dias, já me sentia pronta. Memorizei a fórmula dos produtos; a forma que deveria me comportar; a postura etc. Era hora de ter o primeiro encontro.

Fiz uma lista com mais de cem nomes das pessoas para quem gostaria de mostrar o novo negócio. Iniciei telefonando para o Dush, que era um advogado – um australiano muito *top* que eu conhecia, superinfluente e inteligente.

"Dush, é a Gabi. Tudo bem? Querido, eu montei um negócio, quero te mostrar, quero saber a sua opinião. Pode passar na minha casa ainda hoje?

Ele concordou. Estava animada, mas ao mesmo tempo ansiosa. Aquela seria minha primeira apresentação. Montei uma mesa com os produtos, expus tudo bonitinho, e fiquei lá em pé esperando ele chegar. Minha intenção era não deixar nenhum nó desfeito, ou ele não entenderia. Havia estudado a história do marketing de rede, a importância do segmento nos Estados Unidos, que em cada cinco milionários, um trabalha nessa indústria. Estava segura, era a melhor decisão, não tinha como dar errado, só dependia de mim. E demorei duas horas na apresentação que fiz para ele. Imaginava que estivesse arrasando. Ao final, questionei se não era maravilhoso e disse que seria incrível ter ele ao meu lado. Ele me olhou muito sério e disse:

"Gabi, é o seguinte: eu admiro muito a sua força de vontade, o seu brilho nos olhos, eu tô vendo que você tá empolgada e que vai muito longe, mas eu nunca vou fazer isso aí."

"Mas por quê?"

"Eu não tenho tempo para falar o tanto que você falou. Duas horas é muita coisa para apresentar um produto. Muito obrigado, sucesso, fica com Deus."

E foi embora.

Imediatamente acreditei que havia pagado alto pelo meu exagero. Mas se tem uma característica que me ajuda até hoje, é que eu não me faço de vítima. Não fico reclamando quando algo não vai bem e sempre tento entender o que tenho que aprender com determinada situação. Percebi que devia ter exagerado nos argumentos e prometi a mim mesma que falaria menos na vez seguinte. Então convidei outra pessoa. De novo, expus o negócio, reduzindo a apresentação em meia hora. A resposta foi similar à anterior. Repeti com outro conhecido. Na quinta apresentação, ninguém havia aderido ainda. Comecei a me preocupar.

Voltei a estudar e procurar por informações consistentes. Descobri que é normal, no início, por causa da falta de experiência, que de cada 10 pessoas que assistem à apresentação, apenas uma se cadastra. Na hora, ufa!, fiquei tranquila, pois ainda teria cinco pessoas na lista para apresentar até encontrar meu primeiro e tão esperado sim.

Na sexta apresentação, imprimi a mesma vontade de sempre, entretanto já preparada caso recebesse mais uma resposta negativa. Taylor era um amigo australiano, cujo pai era corretor de imóveis. Eles viviam bem, mas Taylor se incomodava por ainda depender do pai. Tínhamos objetivos muito parecidos.

Não cheguei a terminar a apresentação e ele retirou o cartão de crédito da carteira me pedindo para cadastrá-lo. Lembro da minha surpresa com a atitude dele. "*Really*?", comentei. Ele me perguntou o porquê do espanto. Desconversei, óbvio. Tentava conter minha emoção em começar a equipe no meu primeiro negócio próprio. Estava radiante.

Taylor não foi somente o primeiro que cadastrei. Ele me ajudou muito. Como era australiano, me ensinou a utilizar uma linguagem mais informal, com gírias e trejeitos do país.

Naquele dia, percebi duas coisas importantes: cada *não* que eu recebesse, mais próxima do *sim* eu estaria; e que a minha persistência me levaria aonde queria chegar.

Nos trinta dias seguintes, larguei um de meus empregos. O marketing de rede estava dando certo. Trabalhava dia e noite, com toda energia e foco do mundo.

Em apenas quarenta e cinco dias, eu me tornei diamante. Sozinha, do outro lado do mundo. Em Perth, Austrália.

9. DIAMANTE

"Eu odiava cada minuto dos treinos, mas dizia para mim mesmo: Não desista! Sofra agora e viva o resto de sua vida como um campeão."
Muhammad Ali

Logo após virar a única diamante de Perth, meu amigo Rodrigo, que me apresentou à empresa americana de bem-estar e me cadastrou, ficou abismado com a velocidade do meu avanço. Não somente ele, mas outros líderes na rede, como o Caio – um empreendedor maravilhoso, superjovem e visionário, que acabei conhecendo e de quem me tornei amiga. Na época, tínhamos criado uma página no Facebook da empresa no Brasil, e lembro muito bem que eles fizeram uma postagem sobre a minha conquista: "Parabéns à nossa menina da Austrália, a nova diamante". Ganhei muitos seguidores a partir daquele dia e minhas redes sociais começaram a crescer desenfreadamente. Muitos queriam conhecer a Gabi Dermínio e saber como eu consegui tal proeza.

Segui em frente, sempre estudando e dando o meu melhor. Mas com três meses na empresa, me dei conta de que a maioria das pessoas não pensava como eu, não tinha a mesma consciência e força de vontade, e muitas desistiam das coisas com muita facilidade. Ciente disso resolvi me multiplicar, trabalhar por mim e por eles. O que quero dizer é que eu pegava uma pessoa da minha equipe, pedia a lista de contatos e ligava para todos eles. Marcava as reuniões, apresentava, fazia os fechamentos e dava todo o suporte possível. Era óbvio que eu cadastrava tudo no nome de quem me passava o contato. Porque eu não queria que essa pessoa desistisse, afinal, eu sei que muita gente desanima ao receber o primeiro "não". Meu objetivo sempre foi ver minha equipe feliz, ganhando bem e prosperando.

Com a pós-graduação em marketing finalizada, passei a trabalhar nessa causa vinte e quatro horas por dia. Se antes já era difícil conseguir tempo para dormir, imagine agora. Cheguei a fazer doze reuniões em um só dia, uma loucura. Nessas reuniões, eu apresentava toda a proposta da empresa, como funcionava o marketing de rede, a linha de produtos, as possibilidades de ganho, os desafios etc., com o intuito de construir a rede e incentivar e treinar aqueles que já estavam ativos, expandindo o negócio. Só que, depois de alguns meses nesse ritmo, meu corpo e minha mente não aguentaram e adoeci, muito por causa de uma baixa na imunidade. Não conseguia nem levantar da cama. Não tinha forças nem para olhar os e-mails no celular e fiquei muito mal mesmo. Nesse período tive ajuda de algumas amigas próximas, que preparavam minha comida – sopa, na maioria das vezes. Mas a minha recuperação não foi tão rápida, o que ocasionou um grande problema.

Assim que melhorei e voltei à ativa, continuei o que fazia sempre: mandei uma mensagem no grupo da equipe. "Gente, vamos lá, estou de volta! Vamos acelerar, vamos fazer uma reunião. Vem todo mundo aqui pra casa para um treinamento". Só que, estranhamente, ninguém respondeu. Devia haver umas noventa pessoas na minha equipe nessa época. E o pior: quando entrei na minha plataforma virtual, reparei que não havia mais quase ninguém ativo. Fiquei pasma com aquela situação. O pior é que ninguém me respondia. Eu me desesperei. Liguei para o meu pai, que estava me ajudando com o trabalho, porque era ele quem promovia as reuniões da minha equipe no Brasil, era meu braço direito, como sempre. Expliquei o que havia ocorrido e ficamos alguns minutos levantando hipóteses. Eu havia dedicado três meses seguidos, diariamente, ao meu negócio, e de repente tudo acaba assim?

Meu pai, sempre tranquilo, sugeriu: "Filha, faz o seguinte: desliga seu computador e sai com seus amigos. Tire um pouco o foco do trabalho. Nesses três meses você não fez nada além de trabalhar! Refresca a cabeça que vai dar tudo certo".

Eu havia ficado um longo tempo de cama e não era exatamente o conselho que eu esperava. Mas decidi obedecer a pessoa que eu mais confio no mundo. Tomei um banho, chamei minhas amigas e saímos. Esqueci do problema por um tempo. No dia seguinte, ainda muito triste, fui dar uma volta na praia. Sentei na areia e fiquei olhando para o mar, as ondas quebrando. Comecei a refletir sobre a vida, lembrando da minha infância e adolescência, do tanto que havia trabalhado e conquistado até ali, quando me questionei se desistir era realmente uma opção: "Se eu parar agora, vou fazer o quê? Sem chance, não existe a palavra desistir no meu vocabulário. Se alguém já chegou lá, é porque é possível, e se é possível, eu dou conta. Devo ter feito alguma coisa errada".

Passei um bom tempo parada, escutando o movimento das ondas, enquanto fitava o reflexo do sol nas águas. De repente, ficou claro em minha mente: eu não tinha desenvolvido liderança! Eu havia feito o trabalho de todo mundo e, quando fiquei doente e não pude trabalhar, ninguém sabia o que fazer. Isso desmotivou a todos. Então, a lógica era que nunca tinha ensinado ninguém de verdade.

Respirei fundo, deixei os aromas daquela praia inundarem meus sentidos e decidi que, a partir daquele dia, eu empreenderia de modo diferente.

Recomecei. Consegui resgatar algumas pessoas da minha equipe, mas foi uma minoria. Comecei de novo com força total. Voltei para lista, vários convites, reuniões e com isso refiz a equipe, só que dessa vez eu mudei a minha postura. Minha intenção era formar líderes como eu. Passei a deixar que outros assumissem as reuniões e ficava de lado, observando, interrompendo somente se fosse necessário. A roda girou. Minha equipe começou a realizar diversas reuniões em um mesmo dia, como eu fazia. O peso já não estava, exclusivamente, nas minhas costas. As coisas iam de vento em popa.

Permaneci mais três meses na Austrália, até que meu visto chegou ao fim. Eu poderia renovar, buscar novos cursos, mas preferi retornar para o Brasil com o intuito de cuidar da equipe que havia construído a distância (via Skype) e que, felizmente, estava indo muito bem. Eu andava eufórica, pois sabia que não precisaria mais trabalhar para os outros, e como me disseram lá no início, não teria que prestar contas para nenhum chefe. Portanto, retornei com muito gás, cheguei no Brasil depois de tanto tempo, e mal tive tempo de rever todo mundo. Já havia marcado várias reuniões em Franca. Estava muito focada. Foi uma loucura, porque todos os dias eu levava dezenas de pessoas lá em casa. Às onze, duas, quatro, seis, oito, meia-noite... Nesse período, por conta dessas minhas atitudes, ouvi algumas arguições de outros líderes, pois eles achavam que eu deveria levar as pessoas nas reuniões que a empresa promovia, em vez de realizá-las em casa, e que com isso eu dividia o grupo etc. Demorou um pouco para encontrarmos uma solução. A verdade é que eu estava acostumada a realizar os encontros na minha casa, simplesmente porque, na Austrália, a empresa não promovia reuniões em Perth. Mas acabamos nos entendendo e, mais tarde, muitos passaram a adotar esse estilo de reunião caseira, depois de constatarem que funcionava bem.

Em onze meses, virei Purple Diamond – a maior mulher do Brasil nessa empresa. Foi quando conheci um líder de uma outra rede, que era Black Diamond na época, dois patamares acima do meu. Nossa conexão se transformou em namoro. Ficamos bem conhecidos no meio, pois realizávamos alguns eventos juntos. Foi um momento incrível. Estava vivendo o ápice da minha carreira, pessoal e social, beirando à perfeição. Ganhava muito dinheiro. Fiquei deslumbrada.

Quando completei 26 anos, organizei uma festa gigantesca. Contratei o maior salão de Ribeirão Preto, o buffet com o melhor e mais variado cardápio, o DJ mais badalado da região, *bartenders*, decoração etc. Enfim, gastei mais de 80 mil reais nessa loucura. Convidei todo mundo e estava me sentindo uma verdadeira rainha. Preciso ser honesta: o sucesso acabou subindo à cabeça. Não me reconhecia mais. Gastava muito com roupas e acessórios de marca, queimei um bom dinheiro em uma viagem que fiz com amigos para Las Vegas e comprei um apartamento. Torrava a grana que recebia, pois sabia que no mês seguinte receberia muito mais.

Bem, isso foi um enorme erro. A empresa passava por dificuldades e a quantia que eu recebia por mês diminuiu vertiginosamente. Durante um ano, meu negócio despencava mês a mês. O produto que a gente vendia era muito caro e quase não tinha margem de lucro. Apesar de ser muito bom, por vir de uma empresa norte-americana, não era adequado para o Brasil. Além disso, não eram produtos de primeira necessidade, pelo contrário, nosso trabalho era criar nas pessoas o hábito de usá-los! No final desse ano de queda, com as viagens que fazia a trabalho, com minhas contas mensais, cartões e empréstimos a juros altos, passei a dever mais de 200 mil reais ao banco. Fiquei sem chão. Era chamada para fazer os eventos, e mesmo sendo líder, não conseguia mais subir no palco e falar com as pessoas, pois já não acreditava tanto na oportunidade que tinha nas mãos. Ou seja, não mudava mais a vida das pessoas como eu gostaria e isso me frustrava. E era impossível crescer novamente, já que não conseguia vender algo em que não acreditava.

Certo dia, mesmo sem tanta vontade, mas na esperança de mudar tudo, criei coragem e saí para um evento em Birigui. Bem, essa história você já conhece, do início deste livro. Foi quando me perdi dirigindo em uma estrada de terra e choquei de frente com um caminhão-cegonha. Posso garantir que muito da Gabriela Dermínio morreu naquele dia. E morte significa transformação.

10. UM PROVADOR

"Se você puder sonhar, poderá realizar."
Walt Disney

Depois que a fábrica de sapatos em que o meu pai trabalhava quebrou, o sucesso profissional para ele ficava cada vez mais distante. Durante toda minha adolescência, refleti muito sobre o assunto. Meu pai nunca foi um homem sonhador, sempre teve o pé no chão e estava conformado com a vida que levava em Franca.

Certa vez, quando já estava bem-sucedida, enquanto ele passava uma semana em São Paulo para me ajudar na reforma do meu apartamento novo, perguntei a ele qual era seu sonho. Ele ficou pensativo. Eu já estava acostumada com essa reação, porque como líder, faço essa pergunta frequentemente para minha equipe e sei como a maioria das pessoas não tem essa resposta clara em mente, que de acordo com tudo que acredito, deveria estar na ponta da língua. Até que ele respondeu:

"Ver você e seu irmão felizes, minha filha."

Que fofo, não é mesmo? Que filha não acharia lindo ouvir seu pai dizendo isso? É claro que eu também achava, mas ter isso como sonho da vida era demais. Então disse a ele:

"Claro, pai, mas tirando isso, quero saber o SEU sonho, o que você quer da sua vida? Como se vê nos próximos anos, o que gostaria de conquistar?"

Não recebi nenhuma outra resposta. Percebi que esse não era o caminho. Meu pai não tinha nenhum objetivo, e mesmo quando perguntava sobre seu carro dos sonhos, casa, viagens, seus olhos não brilhavam.

A mente do ser humano é algo que me intriga bastante, amo saber o porquê dos porquês, entender o que se passa ali dentro, o que move cada um, o que faz nascer o desejo ardente de lutar por algo. Algumas pessoas não se dedicam 100% para ganhar uma casa ou uma viagem, mas trabalham dia e noite se estiverem com medo de perder a casa onde moram. Doido isso, não é? Sempre fui movida pelos meus sonhos, sei o quanto eles me levantavam quando eu caía, o quanto era forte e trabalhava duro para realizar todos eles, então, como seria viver sem sonhos? O que mais poderia motivar alguém? Então, resolvi fazer uma experiência. Chamei-o para dar uma volta no shopping. Chegamos e entramos em uma famosa loja de moda masculina, grife alta, reconhecida também pelo trabalho impecável na alfaiataria sob medida.

Meu pai sempre andou com um blazer antigo e nunca havia pensado em trocá-lo, mesmo desgastado pelo uso insistente. No entanto, pude perceber sua admiração enquanto fitava as roupas da loja. Não era para menos. Então solicitei a uma vendedora que trouxesse o melhor terno da loja para ele.

A vendedora regressou com meu pedido. Animado, meu pai entrou no provador. Vestiu a calça, a camisa e o blazer. Ela trouxe também um par de sapatos. Estava completo. Quando saiu para me mostrar, pude notar em sua expressão o quanto se sentia maravilhado.

Logo declarei que ele estava lindo – na palavra exata que utilizei, *top*. Meu pai reconheceu, com um sorriso de satisfação que eu nunca havia visto antes, que tinha ficado mesmo incrível.

"Gostou, pai? Vamos levar?"

"Sim."

"Ótimo", falei, empolgada. "Moça, por favor, quanto fica tudo?"

A vendedora somou os valores e informou que a conta saía por 12 mil reais. Imediatamente virei para o meu pai e perguntei:

"E aí, pai?"

Ele sabia que, na verdade, eu estava querendo dizer: "Compra! Você vai pagar como? Você não gostou? Não é bonito?"

Meu pai ficou chocado. Não esperava um valor tão alto em um terno.

Eu precisava mostrar a realidade. Queria que ele entendesse que necessitamos de dinheiro para ter as coisas que desejamos. Mostrar que, sem a mais simples das ambições, ele não poderia conquistar as coisas materiais que desejava. O terno, por exemplo.

Dei de presente o blazer, para que ele sentisse no dia a dia a diferença em usar algo que admirava.

"Pai, você pode tudo. Lógico, só tem que querer. Precisa acreditar."

Nessa hora comecei a refletir e percebi que meu pai nunca teve nada expressivo porque ele nunca desejou de verdade. Aprendi uma frase no início da minha vida empreendedora "você nunca vai ter algo que não quis antes", que naquele momento caía como uma luva. Claro, ele não tinha sonhos, não se imaginava como um homem bem-sucedido. É evidente que sonhos são distintos, porém necessários. Um carro luxuoso pode ser o objetivo de alguém, como pode não despertar nenhum interesse em outros. Eu sabia que meu pai não tinha ambições e que, mesmo maravilhado com o terno, dificilmente seria o suficiente para que o motivasse a alcançar o sucesso. Assim, perguntei o seguinte a ele:

"Pai, se eu não tivesse me tornado o que eu me tornei, se estivesse até hoje, com 30 anos, trabalhando no shopping lá em Franca, morando na sua casa ou pagando aluguel em um apartamento minúsculo, você me amaria da mesma forma?"

"É óbvio, Gabi", ele respondeu sem hesitar. "É claro que te amaria do mesmo jeito. Você é minha filha."

"Certo, então vou mudar um pouco a pergunta... Hoje, tudo que conquistei e me tornei até aqui, como eu dizia que seria desde pequena, o que você sente? O que você vê? A mesma coisa, igualzinho?"

"Filha, o orgulho que eu tenho de você, do ser humano que você se tornou, e o tanto de pessoas que já ajudou e ainda vai ajudar por meio de sua missão, é muito maior do que o amor. É uma coisa absurda."

“Pai, então deixa eu te explicar uma coisa: se você continuar sendo o que você é pelo resto da sua vida, ainda permanecerá sendo o meu herói. Mas se você começar a acreditar em você e fizer algo que inspire outras pessoas... se você construir algo seu, se tiver sucesso e realizar seus sonhos, imagina aonde você pode chegar, muito longe... Pai, eu acredito em você.”

Ficamos em silêncio por alguns segundos. Aquilo tocou o meu pai. Pude perceber que ele finalmente havia compreendido onde eu queria chegar e, ao mesmo tempo, eu mesma tive uma grande revelação. Eu sabia que de nada adiantaria incentivar o meu pai a trilhar novos caminhos para conquistar um terno novo. O meu pai não queria isso. As pessoas não sonham da mesma forma, não almejam chegar no mesmo lugar, portanto, as motivações são diversas. Mas o que não difere é a essência da busca que todos nós fazemos desde o nascimento: pela felicidade.

A maior lição que tirei dessa experiência foi: todas as pessoas têm um “por que” ou um “por quem”, é isso que as motiva a lutar e a vencer. E quanto mais rápido você descobrir o seu, melhor.

11. SE CAIR, LEVANTE!

"No meio da dificuldade encontra-se a oportunidade."
Albert Einstein

Depois do acidente, precisei rever tudo o que havia conquistado e todas as minhas atitudes para compreender meus erros e aprender com eles. Sentia-me no fundo do poço. Os negócios não estavam indo bem, eu devia muito dinheiro para o banco e meus ganhos na empresa haviam despencado consideravelmente a ponto de não conseguir me reerguer. *Como sair dessa situação?*, era o que se sobressaía em minha mente todos os dias. Como tudo em minha vida, seria necessário ressignificar e seguir adiante. Posso dizer que, de certa forma, não fiquei frustrada por ter "quebrado"; eu já sabia e tinha estudado que fazia parte do processo, que todos os grandes empreendedores caíram de três a oito vezes antes de atingir o sucesso duradouro, e o que separava os bem-sucedidos dos outros era a persistência.

Uma questão importante da minha personalidade é que nunca me deixei levar pelos problemas a ponto de ficar lamentando e choramingando, pensando que sou uma fracassada. Jamais! Sempre acreditei que Deus nunca dá uma cruz mais pesada do que a que você pode carregar. Eu consigo. Se algo ainda não deu certo é porque ainda não terminou, então o segredo é seguir em frente, perseverando no caminho.

Certo dia, saí para tomar um café com dois amigos, os irmãos Leandro e Gabriel Kenski, que eram líderes da mesma empresa, só que de equipes diferentes. Eis que resolvi abrir o jogo e contar como estava a minha vida naquele momento. Imagina, eu já era uma líder, que teoricamente ganhava superbem, para quem as pessoas olhavam e se inspiravam, só que eu não tinha dinheiro, estava quebrada e não conseguia mais pagar minhas contas. Portanto, não foi fácil revelar a verdade, mesmo para amigos. Quando expliquei minha posição, os irmãos Kenski me estenderam a mão, ou melhor, um braço inteiro. Imediatamente me chamaram para trabalhar com eles em um novo negócio, uma startup, ou seja, uma pequena empresa que eles estavam iniciando. A proposta era que eu ficasse como agente de marketing, telefonando para as pessoas e lidando com vendas – nada que eu não estivesse acostumada a fazer. Ganharia 4 mil reais por mês e cumpriria o horário comercial. Era uma oportunidade para recomeçar. Mas preciso ser honesta: quando você alcança uma posição como a que eu tinha e a perde, recomeçar do zero é um desafio e tanto.

Nessa época precisei cortar gastos, então fui morar e dividir um quartinho minúsculo – só cabia um colchão – com uma amiga no fundo de uma casa. Era o que podíamos pagar. O que segurou um pouco as contas foi o dinheiro que recebi do seguro do carro, destruído no acidente. Além de que, antes de quebrar, eu havia comprado um apartamento em Ribeirão; tinha dado uma boa entrada e estava parcelando, só que não teria condições de prosseguir, então devolvi o imóvel e perdi boa parte do dinheiro investido.

Tudo que fiz até agora, desde os 15 anos, trabalhando sem nunca ter tirado férias, lojas, shopping, de agente de venda a gerente do banco, indo para a Austrália com a cara e a coragem, trabalhando em quatro empregos ao mesmo tempo, me dedicando todos os dias, sem descanso, sem respirar... Estou com 26 anos, como vou cumprir minha meta de ficar milionária aos 30 anos?, eu pensava.

Devendo 200 mil reais ao banco, sem carro, arruinando minhas conquistas e fazendo algo que não queria: voltar a trabalhar para outras pessoas. Só que quando chegamos no fundo do poço, onde não temos mais o que perder – lá no fundo mesmo, quando você toca o chão e não tem mais para onde descer –, existe uma mola que te impulsiona.

Depois de quatro meses trabalhando com os irmãos Kenski, outro amigo, o Lucas Battistoni, me convidou para uma reunião para conhecer uma nova oportunidade. Devo dizer que, naquele momento, eu estava desiludida. Mas, novamente, minha fé me mantinha erguida. Eu rezava todas as noites. Às vezes, em meio ao choro, pedia a Deus uma nova oportunidade para realizar meus sonhos, mas dessa vez eu seria minha melhor versão, a mais humilde, e trabalharia com mais amor ainda. Queria algo novo em que eu pudesse impactar a vida das pessoas, de verdade. E quando o Lucas me disse que se tratava de uma outra empresa de marketing de rede... Eu acreditava demais na indústria, e mesmo com as emoções abaladas, resolvi acompanhar meu amigo e dar uma chance para analisar novas oportunidades.

"Nossa, mas quem vai querer isso?", foi a primeira impressão que tive daquela nova proposta, que era, na verdade, parecida com o que eu já vinha exercendo na empresa norte-americana, só que com produtos muito simples e embalagens de gosto duvidoso (em um ano à frente do negócio, estaria completamente transformada e de cair o queixo com o modo como é hoje em dia, sempre surpreendendo pela qualidade e *design* diferenciado). A princípio não acreditei que abraçar aquela ideia me tiraria do abismo. Bem, isso mudou quando o presidente da empresa, Sandro Rodrigues, veio falar comigo. Eu consegui captar qual era o objetivo, a essência do negócio – a missão que era oferecer às pessoas uma oportunidade de mudar a vida delas –, ou seja, eu percebi o coração da empresa e me identifiquei na mesma hora. A empresa já tinha 26 anos, e os donos sr. Francisco e dona Adelaide – ele, ex-torneiro mecânico e ela, ex-costureira – tinham começado na garagem de casa, e hoje seus quatro filhos se dedicavam a essa missão. Senti o amor que tinham pelos outros e a vontade de ajudar. Não era somente o dinheiro que movia a empresa, e sim os valores, princípios e metas, tão parecidos com os meus. Parecia uma resposta às minhas orações.

"Gabriela, eu não quero que você comece nessa empresa que está vendo. Eu quero que você comece na que vai me ajudar a construir."

As palavras do presidente se transformaram na mola que me lançou para o alto. Minha vida estava prestes a mudar, não apenas pela oportunidade que recebia, mas pela força que encontrei internamente. Era justamente o que eu havia pedido: uma nova chance, e eu a agarraria com unhas e dentes.

12. PODERES

"Lugar de mulher é onde ela quiser."
Autora desconhecida

Um assunto que está em alta e é amplamente utilizado, até mesmo por entidades como a Organização das Nações Unidas (ONU), é o Empoderamento Feminino. O psicólogo norte-americano Julian Rappaport, em 1977, assinalou o termo *empowerment* – da palavra *power* (poder) – para sustentar que era fundamental oferecer ferramentas a grupos desfavorecidos para que eles possam se desenvolver e estabelecer autonomia. Muitos, no entanto, acreditam que os próprios grupos oprimidos é que deveriam empoderar-se sem a interferência alheia.

Explicando de um modo simples, o Empoderamento Feminino nada mais é do que a mulher ser vista e ver a si mesma como parte independente e igualitária da sociedade, tendo os seus direitos garantidos, sendo valorizada e respeitada. Embora tenhamos avançado e conquistado mais espaço, nós, mulheres, ainda temos um longo caminho pela frente em prol da igualdade.

No universo corporativo, apenas 15% dos cargos de liderança no mundo são ocupados por mulheres. No Brasil, somente 19% das empresas contratam mulheres para cargos de liderança. Sem contar que o salário na maioria dos casos é inferior ao dos homens que atuam na mesma posição. Se não parece muito justo, há bastante a ser feito para mudar essa realidade. Mas como?

Para mudar o mundo, comece por você! Ou como disse o ativista Mahatma Gandhi: "Seja a mudança que você quer ver no mundo".

Cada mulher precisa assumir seu poder individual, assim haverá desenvolvimento e fortalecimento do papel de todas na sociedade. O principal passo na busca pelo empoderamento é nos respeitarmos mutuamente. Com frequência vejo mulheres falando mal daquelas que são bonitas, ridicularizando as que estão solteiras com mais de 30 anos, as que não querem ter filhos, as que estão acima do peso etc. Incorporadas ao patriarcado, calamos qualquer possibilidade de empoderar as mulheres ao vermos, por exemplo, uma colega de trabalho como uma ameaça.

Não somos rivais. Quando colocamos outra mulher para baixo, podemos não perceber inicialmente, mas vamos todas juntas para a lama.

Eu acredito que existem crenças limitantes, aquelas verdades já impregnadas na sociedade no momento em que viemos ao mundo. Essas "instruções" ainda estão enraizadas em nossa estrutura familiar quando nos dizem o que seremos ou o que devemos fazer com base em nosso gênero.

Se criarmos uma criança dentro de uma casa fechada, sem televisão, internet, telefone, ou seja, sem contato algum com o mundo exterior, e todos os dias inserirmos em sua mente que não existe nada além daquela casa, ela irá crescer acreditando nessa realidade. É exatamente o que acontece... As suas crenças formam você!

Meu maior desejo é que as mulheres acreditem em si próprias, tomem as rédeas da vida, parem de ouvir o que os outros falam e que mudem suas crenças limitantes. "Ah, quando eu tiver tal carro eu serei feliz...", "Quando eu tiver um marido eu serei feliz...", "Quando eu tiver um filho serei feliz...". É preciso ser feliz por dentro. E eu acredito que essa "felicidade plena" só é conquistada quando equilibramos nossos lados: espiritual, pessoal, social e profissional. Quando equilibramos tudo isso é que descobrimos o quanto somos inteiras.

Muitas falam: "Eu quero achar a minha metade", mas não somos "metades", somos "inteiras". Então não temos de buscar fora, mas dentro de nós mesmas. Essa consciência é importantíssima se quisermos mudar o papel da mulher na sociedade.

Somos poderosas.

Uma vez que você empodera uma mulher, você se empodera também.

Seja uma mulher que levanta outras mulheres.

13. SER GIGANTE

"Os empreendedores falham, em média, três a oito vezes antes do sucesso final. O que separa os bem--sucedidos dos outros é a persistência."
Lisa M. Amos, executiva

Assim que abracei a nova empresa de marketing de rede, como não poderia ser diferente, imediatamente comecei a agir. Respirava o negócio vinte e quatro horas por dia, mesmo que ainda trabalhasse com os irmãos Kenski. Pela minha experiência na antiga empresa norte-americana, já sabia que não existia uma fórmula mágica para o sucesso; teria de me dedicar, pagar o preço e fazer as atividades geradoras de renda todos os dias se quisesse atingir o que eu buscava.

Ao contrário do que muita gente pode imaginar, não foi mais fácil porque vim de outra empresa de marketing de rede. A vantagem que teria sobre uma pessoa que nunca trabalhou nesse mercado, além do conhecimento de que eu dispunha, seria a possibilidade de migrar minha antiga rede para essa nova empresa. Sim, poderia utilizar essa "vantagem", se isso não fosse completamente contra os meus princípios, já que quem havia decidido trocar de empresa tinha sido eu, e por mais que eu tivesse construído o meu negócio a partir das pessoas que eu conhecia e que foi fruto do meu esforço, não achava certo com quem havia me trazido e me dado a oportunidade quando eu tanto precisei, ou seja, usar minha imagem e fazer o que chamamos de "aliciamento". Assim, mantive-me íntegra, não somente pelo motivo apresentado, mas também porque não tinha mais praticamente ninguém ativo devido ao preço muito alto dos produtos da empresa anterior, que além de não serem de primeira necessidade, não geravam quase lucro na revenda, apesar de sua altíssima qualidade.

E se não fosse o fato de recomeçar, como qualquer um, ainda tinha perdido minha credibilidade, pois acreditava tanto no que eu fazia antes que havia me tornado praticamente o slogan da antiga empresa. Com que cara falaria sobre outro negócio agora? Ouvi de várias pessoas com quem conversei: "Sério, Gabi? Mas a outra empresa não era tão maravilhosa e quebrou? Então quem me garante que dessa vez não vai acontecer a mesma coisa?" Escrevo essa parte sorrindo, porque conheço os milhares de desafios que venci até chegar aqui. A cada passo dado, parecia que eu estava sendo testada, para ver o quão forte eu era, o quanto eu queria, o quanto eu merecia, para medir se estava pronta para o sucesso. E sim, eu passava nos testes, afinal eu enxergava os desafios como degraus, e subia um a um, porque sabia o que me esperava no topo da escada.

Estava muito confiante nessa nova oportunidade. A experiência me transformou em uma especialista no mercado. Entendo bem o que uma empresa precisa ter para ser sólida. Um segmento que foca em cosméticos, por exemplo, é sempre à prova de crises financeiras, pois mesmo que você esteja desempregado, não deixará de comprar, por exemplo, sabonetes, xampus, perfumes etc.

Eu precisava me tornar "gigante".

Na primeira reunião que participei com o presidente da empresa, rapidamente acreditei na essência daquele empreendimento, na missão que era mudar a vida das pessoas, dar oportunidades de crescimento para qualquer um, não importa sua classe social. Diferentemente da empresa anterior, que acabava atraindo e atingindo um público mais elitista, se é que posso dizer isso. Ou seja, eu vi o "coração" deles e me identifiquei, pois era exatamente o meu objetivo de vida. Estava empolgada e pronta para dar o meu melhor.

Comprar os produtos, conhecer, testar e aprovar era fundamental. Sem demora, comprovei a boa qualidade e percebi que não teria dificuldades em compartilhá-los, pois além de funcionais, possuíam um preço justo, acessível a grande parte da população. Mas como já disse antes, não me agradavam as embalagens e a identidade visual de cada item. Com o tempo, isso tudo foi revisado e os produtos ganharam uma nova roupagem, muito mais moderna e atrativa, melhor do que poderia imaginar.

Eu construía minha rede com grande velocidade, cada vez mais com a certeza no que fazia. Mostrava a oportunidade e transferia minha visão. Formava líderes, trazendo para o negócio dezenas, centenas, milhares de pessoas. Em um ano e três meses virei imperial – um dos mais altos níveis da empresa. Mas para me focar no trabalho, precisei abrir mão de grande parte da minha vida social. Pois nenhuma vitória é conquistada com facilidade. É preciso ter garra, determinação e foco.

A felicidade vibrava em cada célula do meu corpo. Havia finalmente alcançado minha grande meta, que era ser milionária aos 30 anos com um propósito. No estágio que me encontrava dentro da empresa, meus ganhos mensais me permitiram adquirir o apartamento dos meus sonhos e fazer as viagens que mais desejei desde a minha infância – como ir a Paris e chorar de emoção aos pés da Torre Eiffel, a mais emocionante de todas.

O que é muito legal no marketing de rede é que as empresas oferecem prêmios – na maioria, viagens e carros – aos cadastrados, o que funciona como um incentivo – e dos grandes – para que todos trabalhem com afinco. Como não existe chefe e não há pressão como nos trabalhos "convencionais", pois os ganhos dependem apenas do esforço de cada um, só crescemos à medida que ajudamos os outros a crescerem. Sendo totalmente meritocrático, esse sistema de níveis e premiações é importantíssimo para estimular as pessoas. Quando virei imperial, por exemplo, fui presenteada com um carro absurdamente maravilhoso, uma Land Rover Evoque. Que outra empresa presenteia seus funcionários nesse nível?

Mergulhada em êxtase, vivia o que tanto tinha almejado. Realizava eventos pelo Brasil inteiro. Sentia-me realizada, pois estava mudando a vida de milhares de famílias positivamente, além da minha própria família, é claro. Foi quando percebi que havia me tornado uma inspiração para muitas pessoas. Isso era fácil de aferir, pois minhas redes sociais cresciam vertiginosamente. Todos os dias recebia lindas mensagens de agradecimento, de carinho, e muitas pessoas querendo conhecer mais sobre minhas vitórias, desejando fazer parte do meu mundo.

Eu havia mirado tanto o sucesso profissional que ele se tornara uma flecha encravada bem no centro do alvo. Para uma mulher solteira e com 30 anos chegar aonde eu cheguei, foi necessário quebrar muitos obstáculos, enfrentar diversas crenças implantadas ao longo de muitas gerações em nossa mentalidade. A sociedade, de um modo geral, não está acostumada com mulheres bem-sucedidas, liderando milhares de pessoas e, principalmente, homens. Era de se esperar que seria questionada, que duvidassem da minha capacidade e da legitimidade das minhas conquistas. Posso garantir que todo o meu progresso profissional foi alcançado por mérito, esforço, estudo e persistência. Ninguém me colocou em um ponto alto da empresa por achar que tenho um rosto bonitinho, para me usar como uma garota-propaganda, como já escutei por aí. Meu caminho não foi nada fácil. Esse preconceito me incomodou por um tempo, mas, novamente, precisei ressignificar, caso contrário seria tomada por inveja e descrença alheias. Se meu objetivo era ser gigante, era fundamental agir como tal. Para liderar é crucial impor respeito, ter postura, visão.

Nessa fase, quando estava aprendendo a lidar com toda a energia negativa que despejavam em cima de mim, quando me via muito triste e me questionando se estava no caminho certo, aconteceu algo muito bom. Conversando com um amigo, Evandro Viana, que lidera uma equipe gigantesca, contando exatamente essas minhas frustrações, surgiu o convite para um evento que aconteceria em um ringue de boxe. Ele queria que eu fosse uma das doze pessoas a palestrar.

"Gabi, eu quero que você fale no evento. Vou te dar quarenta e cinco minutos para você contar sua história, para mostrar quem realmente você é."

Fiquei muito feliz com o pedido, mas também preocupada, pois sabia que muitos questionariam a minha participação. Quantos da equipe dele não gostariam de receber aquele mesmo convite? Mas tudo bem. Fechei os olhos, busquei minha luz interna e encarei o desafio; sabia que, mais uma vez Deus estava ali me ajudando. E se você quer saber, foi uma das apresentações mais comentadas que realizei. Contei toda a minha história, desde a minha infância cheia de restrições, meus trabalhos no Brasil e na Austrália, os desafios que enfrentei, até o meu acidente e o quanto ele me mudou e me fez chegar aonde estou, para um público de três mil pessoas.

Nesse evento em específico, toda liderança da empresa estava lá, e para mim, naquele momento, era muito importante quebrar a barreira criada desde que eu tinha me tornado imperial. Muitos não me conheciam de verdade, não conheciam meu coração, e só tinham a imagem que eu passava nas redes sociais. Ao final de quarenta e cinco minutos de palco, chorei. Fui muito aplaudida, um fato libertador. A partir dali, vivi um novo momento. Conquistei o respeito dos colegas de trabalho que eu tanto admirava e escrevi de uma vez por todas meu nome na pedra.

Acabei virando uma referência de mulher bem-sucedida no segmento no Brasil, tanto que outras empresas de marketing de rede sempre citam meu nome como exemplo. Isso é algo que me enche de orgulho até hoje.

Porém, mesmo assim, algo não parecia certo. Alguma coisa ainda inquietava meu coração...

14. VOCÊ É O PRESENTE DE DEUS

"Quando uma criatura humana desperta para um grande sonho e sobre ele lança toda a força de sua alma, todo o universo conspira a seu favor."
Goethe

Sempre busquei seguir os passos e usar como exemplo pessoas que já tinham chegado onde eu sonhava. Observava a vida que elas levavam e as admirava. Ficava feliz por elas, torcia para que conseguissem cada vez mais... E pensava que se elas viviam tudo aquilo, eu também podia.

Hoje sei que inspirar essas pessoas me ajudou bastante, pois tudo que admiramos atraímos para nós, e, da mesma forma, tudo que invejamos, afastamos. De uma maneira natural, essa minha ambição (no bom sentido da palavra, sem a necessidade de passar a perna em ninguém) e essa certeza que podia ter e ser tudo que quisesse, cresceram dentro de mim até tornarem-se arrebatadoras.

Aos 15 anos eu já afirmava para meu pai que seria milionária quando alcançasse o dobro da idade, que viajaria o mundo todo e faria algo muito grande para ajudar as pessoas. Eu não sabia como, mas tinha total convicção disso. Agora que passei dos 30, com todo o conhecimento que adquiri seguindo passos das pessoas que admiro, lendo centenas de livros, participando de incontáveis treinamentos, sei que atraí para mim todos os meus desejos. Fiz isso movida especialmente pela minha intuição, trabalhando sem parar, e tendo o tempo todo à minha frente o foco nos meus sonhos. Hoje, posso explicar o que fiz, com base no que aprendi a duras penas.

Em primeiro lugar: VOCÊ PRECISA SONHAR.

Ter claro na sua mente o que você quer para a sua vida. "Como se vê daqui a um, cinco, dez, quinze, cinquenta anos?" Você nunca terá algo que nunca quis antes, e assim, se você não sabe para onde vai, qualquer lugar serve. Dica: SONHE, SONHE alto, independentemente se isso vai parecer loucura. Toda pessoa de sucesso já foi chamada de louca várias vezes, e se ninguém ainda te chamou dessa forma, é porque você precisa sonhar mais alto.

Em segundo lugar: ESTEJA DISPOSTO A PAGAR O PREÇO.

Nesse ponto muitos travam, porque querem muito viver uma vida parecida com a da pessoa que tanto admiram, mas sem fazer o que ela fez para chegar lá. Não existem caminhos fáceis para se alcançar o sucesso. É fundamental sonhar, acreditar e trabalhar arduamente para atingir os objetivos. Porém, muitos não fazem o que precisa ser feito, não se dedicam o suficiente ou pelo tempo suficiente, e não querem pagar o preço, seja por comodidade, insegurança, zona de conforto, preguiça, medo ou uma lista de outros motivos que poderíamos relacionar aqui.

Se injetassem um vírus mortal em você (ou em alguém que você ama muito) e dissessem que para sobreviver, você precisaria se dedicar a alcançar um nível alto da empresa em um prazo de três meses, eu duvido que você usaria muitas das desculpas que usa todos os dias. Uma força absurda sairia de dentro de você e faria tudo que tivesse de ser feito. Você não sabe o quanto é forte até que sua única alternativa é *ser* forte. Então, por que não realizar agora? Pelos seus sonhos, você faria? Ou você realmente precisa de dor para isso?

Outro segredo que defendo é AMAR AS PESSOAS INCONDICIONALMENTE, ATÉ MESMO AS QUE TE FAZEM MAL.

Existe um motivo para cada uma delas estar ali, naquele momento na sua vida. O segredo é saber colocar cada uma na sua devida "caixa", um termo que uso para separar e agrupar os seguintes tipos de pessoas:

Presentes: são aquelas pessoas que despertam sua melhor parte em você. Existe troca, reciprocidade, você oferece e recebe ao mesmo tempo; são aquelas que te fazem se sentir melhor, são amadas, especiais, que deixam tudo mais leve, que te trazem paz, alegria etc. Quer um conselho? Quando identificar uma "pessoa presente", cuide, valorize, ame muito para nunca correr o risco de perdê-la!

Lições: são aquelas pessoas que servem como um espelho, que te incomodam, fazem com que você olhe para dentro e veja coisas que precisam ser mudadas, despertam sentimentos que você nem sabia que podia sentir, que desafiam; são aquelas que podem te decepcionar e magoar, mas que deixam lições capazes de te transformar.

Testes: são aquelas pessoas que provocam seus limites; são aquelas que você não quer se tornar, e que, efetivamente, testam até onde vai sua paciência, seu amor, sua maturidade, até onde a teoria se aplica na prática; que te fazem respirar e pensar antes de falar.

E todas são muito importantes, por isso eu amo tanto as pessoas! São os relacionamentos que nos ajudam na evolução. Sou muito grata a todas as pessoas que passaram na minha vida e me transformaram em quem eu sou hoje. Aos meus "presentes" dou todo o meu amor, às minhas "lições" dou minha gratidão, e aos meus "testes" dou minha compaixão. Cada pessoa que passou por mim deixou um pedaço de si e levou um pedaço de mim.

Outra lição que me ajudou a alcançar o sucesso pode ser apontada na seguinte frase: NÃO PASSE SUA VIDA APENAS AGUARDANDO O FIM DE SEMANA.

A maioria das pessoas não gosta de segundas-feiras, mas eu adoro. Se você odeia segunda-feira, tem alguma coisa muito errada na sua vida, porque as segundas-feiras são dias maravilhosos para recomeçarmos. Se você não concorda, eu te pergunto: será que está no caminho certo?

E o mais importante, na minha opinião: ENCONTRE SEU PROPÓSITO.

Nessa parte, não existe nenhuma meta relacionada a dinheiro. Meta, inclusive, é bem diferente de propósito. Por exemplo, seu propósito de vida é ter uma casa na praia e um carro novo. Então, quer dizer que quando conquistar a casa e o carro, sua vida não terá mais propósito? Não, isso é meta. O propósito não está ligado diretamente às coisas materiais. Então, para encontrar seu propósito, responda às perguntas: por que você faz o que você faz? Qual seu propósito de vida hoje? Escreva a primeira coisa que vem à sua mente, e não importa se não parece ter sentido, pois é só o começo. Continue escrevendo até que você a esvazie. Crenças colocadas na sua cabeça a vida toda nem sempre fazem sentido para o que você se tornou hoje.

Descobri meu propósito me fazendo perguntas. Entendendo o que fazia meu coração vibrar, o que deixaria Deus orgulhoso quando chegasse o grande dia do nosso reencontro no céu, e Ele me perguntasse o que eu fiz na vida que Ele me deu.

Sobre meu propósito: meu nome é Gabriela Dermínio, sou uma agente de transformação de vidas, inspiro, lidero e motivo por meio da minha história e das minhas atitudes. Desperto o melhor que tem dentro das pessoas que buscam algo a mais na vida. Todos querem acreditar em alguém que lhes diga: você pode, você consegue! Elas precisam acreditar que são capazes. Ao impactar positivamente as pessoas, eu consigo transmitir minha maneira leve de levar a vida, e assim que passam a olhar a vida com outros olhos, mudam suas crenças, despertam seu poder interior, acreditam em si mesmas, sonham, realizam, e fazem o mesmo por outras pessoas. Podemos mudar o mundo, e como acredito demais no ser humano, faço a minha parte.

E você? Como responderia a essas perguntas? Não são respostas fáceis, as minhas mudaram várias vezes. Escreva aqui neste livro, logo abaixo das perguntas. Dedique um tempo pensando em tudo isso e fique cada vez mais próximo de encontrar seu propósito.

Quem é você?

....

....

....

O que você faz?

....

....

....

Para quem você faz o que você faz?

....

....

....

O que essas pessoas querem ou precisam?

Como elas mudam com o resultado das atividades que você realiza?

O que move seu coração?

O que faz você se emocionar?

15. TEMPESTADE

"O que importa não é o que você tem na vida, mas quem você tem na vida."
William Shakespeare

Na minha cabeça, eu havia concluído minha maior meta, conquistado a liberdade financeira. Viajei pelo mundo inteiro, visitei mais de trinta países, conheci muita gente maravilhosa, recebi várias premiações, comprei tudo o que quis. Parecia completa, pois havia a garantia de que não precisaria mais trabalhar por dinheiro. No entanto, na verdade, hoje entendo que esse nunca foi o verdadeiro objetivo que eu desejava alcançar.

Passei três dias trancada no meu apartamento, triste, sem vontade de fazer nada, sentada no sofá, sem tomar banho, acumulando embalagens das comidas que pedia pelo telefone, refletindo, tentando entender o que estava acontecendo e procurando identificar a fonte daquele desconforto interno e daquele vazio. O pior é que me sentia culpada por estar incompleta e infeliz, mesmo tendo conquistado meus sonhos e ter sido abençoada por Deus pela segunda chance recebida sobrevivendo ao acidente de carro.

Muita gente fala que você descobre quem são seus amigos nas horas tristes ou na dificuldade. Não é verdade:

nesses momentos, todo mundo tem um ombro para te emprestar. Você descobre quem se importa quando você olha nos olhos de uma pessoa ao contar uma vitória sua e vê que, infelizmente, não tem alegria ali, ela não torce por você. Meditando, percebi que um dos pontos que havia me tirado dos eixos foi justamente essa revelação. A inveja vinda de pessoas que você considera é como uma ventania que te pega de repente e te desestabiliza. Eu precisava criar meus "escudos" para que toda aquela energia negativa não interferisse no meu caminho.

Recebi o que considero a maior lição da minha vida. Entendi o que realmente importa para mim. A fama e o sucesso não significavam totalidade. Sentia um vazio que nada do que conquistei conseguia preencher, mas aprendi que este vazio é do exato tamanho de Deus, foi feito por Ele e para Ele. Chegar tão longe me deixou meio perdida em um terreno desconhecido. Pensava somente nas novelas a que assistia quando criança, pois nelas existiam pessoas como as que conheci. Me decepcionei muito, diversas vezes, em um curto espaço de tempo. Por um momento não estava conseguindo mais diferenciar quem era de verdade e quem estava ali para tirar algo de mim. Tive medo das pessoas, tive de parar de contar tudo para todo mundo. Precisei acordar e perceber que a maioria dos que sorriam para mim não torcia pela minha felicidade. Comecei a perder a vontade de sair, de fazer novas amizades, de me apaixonar novamente. Havia tanta gente à minha volta, mas eu me sentia muito sozinha.

Apesar de saber disso, ainda precisei entender o que me era ausente. Iniciei uma busca interior, fiz cursos, terapia, rezava, comecei a meditar mais e descobri que eu havia esquecido o mais importante, minha essência, de onde vim, e não me refiro somente a Franca, mas do meu eu interior. Aquilo sim era importante. Deus me ensinou o que eu mais precisava aprender. Um presente. Em um desses cursos, conheci o Instituto Tadashi Kadomoto, onde viveria o fim de semana mais transformador da minha vida. Ali fiz uma viagem interior e desenterrei medos, traumas, histórias mal resolvidas. Descobri crenças limitantes que me atrapalhavam em vários aspectos e fatos sobre mim que eu jamais imaginava. Dei início a uma longa estrada de conhecimento do meu Eu, e me vi completamente frágil, diferente daquela mulher que havia me tornado. Peguei no colo minha criança que estava ferida e que não tinha mais alegria de viver. Descobri que, por mais que uma árvore seja majestosa, bela e repleta de frutos, se não tiver raízes, ela tombará. Consegui mais uma vez ressignificar várias coisas e seguir em frente. Gostei de ficar sozinha, e cada vez mais na presença de Deus amadureci muito, cresci, me redescobri, me conectei. Digo que os cursos que fiz nesse instituto e tudo que aprendi com o Tadashi, que se tornou um dos meus mentores de vida, foram um grande divisor de águas na minha história.

Tudo o que vivi até hoje me preparou para chegar aonde cheguei. E o que mais te prepara na vida? As dificuldades, os desafios, os fracassos. A sabedoria vem dos piores instantes, e lá estão os maiores ensinamentos. Portanto, nunca espere da vida apenas flores. Se hoje está maravilhoso, amanhã pode não estar, mas vai passar e vai ficar maravilhoso de novo. A existência é composta de altos e baixos. Os desafios do dia a dia, a correria, os momentos bons, os não tão bons. TUDO se completa, TUDO se encaixa, TUDO que acontece tem um motivo!

Você pode reclamar por ter de acordar cedo, ou pode simplesmente agradecer por ter acordado... Os dias nublados nos fazem valorizar os dias de sol, os dias em que sente alguma dor te fazem valorizar os momentos de alegria, e por aí vai. Tudo passa, então aproveite e seja grato sempre! Se está feliz hoje, curta e ame muito. Se está triste ou com dificuldades, tenha calma. E é assim, existe luz em todos os lugares, pois a vida é maravilhosa! E tudo que eu mais quero é que você veja tudo de bom que há em cada situação. Aproveite cada segundo, você está vivo, respirando, e isso é o que importa. O resto, a gente resolve!

E nesses três dias em que fiquei isolada no meu apartamento, por mais que fosse grata e que tivesse fé, questionei-me por diversas vezes:

"Tudo o que estou vivendo é uma mentira?"

"Não era esse o meu propósito? Será que fiz tudo errado?"

"Cadê aquela felicidade plena que achei que sentiria?"

"Quem sou eu, afinal?"

Estava com a mente turva, sentindo um turbilhão de emoções.

Quando houver uma tempestade mental, desconecte-se.

Naquele dia eu precisava ir ao Rio de Janeiro, pois havia uma apresentação marcada há vários meses. Todavia, a última coisa que eu queria era subir no palco e falar com as pessoas daquele jeito. Eu queria primeiro me entender, mas não havia tempo para isso. Então, mais uma vez, respirei fundo, ergui a cabeça e voei para a cidade maravilhosa. Pouco antes de entrar no palco e começar a palestrar, mais uma vez rezei pedindo a Deus que me iluminasse, que falasse por mim o que as pessoas precisavam ouvir naquela noite e que esclarecesse todas as dúvidas que rondavam a minha mente. Dito e feito, foi um evento incrível. Minha mente ficou clara, como uma luz rompendo a escuridão.

Não, eu não era uma *personagem*.

Dizendo explicitamente: quando cheguei aonde tanto queria, percebi que precisava ajustar outras questões na minha vida. Embora houvesse algumas feridas ainda a ser cicatrizadas, com minha família, mais especificamente minha mãe, durante meu caminho tive que abandonar alguns conflitos, coloquei em uma caixa tudo aquilo que me fazia sofrer, que me machucava, que queria esquecer e enterrei no meu coração. Fui enfrentar a vida, me tornei uma mulher forte, imparável, guerreira, mas paguei um preço alto por isso. Fiquei um pouco fria para os relacionamentos, não sabia lidar muito com o amor e, nessa hora, percebi que havia construído crenças adquiridas na infância e que me atrapalhavam muito naquela fase.

Profissionalmente, sentia-me realizada e sabia que tudo o que eu falava no palco era verdadeiro, que minhas palavras incentivariam outras pessoas a trilharem rumo ao sucesso.

Mas, afinal, você já parou para pensar no seu *conceito* de sucesso?

Se buscarmos no dicionário, veremos uma definição parecida com esta: "Êxito; consequência positiva; acontecimento favorável; resultado feliz, seja ele profissional, acadêmico ou pessoal. Obtenção de honras, riqueza".

Muitas vezes, aos olhos dos outros, podemos parecer bem-sucedidos, ricos, felizes e de bem com a vida. Mas será que o conceito de sucesso das pessoas é o mesmo?

Segundo o indiano Deepak Chopra, "o êxito na vida poderia ser definido como o crescimento contínuo da felicidade e a realização progressiva de metas dignas. O êxito é a capacidade de transformar facilmente os desejos em realidade."

Independentemente do conceito que atribuir, você terá de lutar para obter seu sucesso. O segredo é aproveitarmos a trajetória, as pequenas conquistas, vivendo sempre o "agora". Muitos visam somente o cume da montanha e esquecem que o presente está em admirar a paisagem da escalada.

16. MEDITAR

"Há dois tipos de pessoas que vão te dizer que você não pode fazer a diferença neste mundo: as que têm medo de tentar e as que têm medo de que você se dê bem."

Ray Goforth

Quando ainda era criança, eu não compreendia por que meu futuro parecia não ter solução. Eu desejava ir reto, quando a vida me fazia dar voltas. Em meus aniversários – e isso é algo que não sei de onde surgiu –, no momento de soprar as velinhas e fazer um pedido, eu solicitava em silêncio por uma única coisa: sabedoria.

Para um jovem, isso pode parecer estranho. Enquanto a maior parte dos meus amigos seguiam seus ídolos *teen*, eu achava o máximo reverenciar Buda, Jesus, Madre Teresa de Calcutá e Chico Xavier. São minhas principais referências até hoje. Insubstituíveis. Até que associei o fato de que pedia sabedoria para entender de onde eles tiraram suas forças para conseguirem ser tão iluminados e deixarem seus legados na Terra.

Hoje eu entendo que quanto mais sabedoria eu peço, mais problemas Deus me envia.

Pois é no desafio que se aprende. Depois de um tempo, tornou-se óbvio: as adversidades sempre caminharam ao meu lado, mas não foi por acaso. E mesmo assim que cheguei ao topo, atraí uma nova avalanche de problemas.

Quando você ressignifica rápido, ganha uma nova chance. Se você recebe uma adversidade, também é presenteado com a oportunidade de aplicar uma solução na sua vida para passar de fase, como em um videogame. O que acontece com muitas pessoas é que elas creem que não merecem as dificuldades pelas quais estão passando.

Ter a vida que você sonha não é fácil, mas está longe de ser impossível. Imagine que seu corpo é composto 90% de intuição, alma e seu eu interior, e existem 10% responsáveis pelas suas crenças, ou seja, aquilo que você recebeu da sua família, o que te ensinaram, suas objeções. Esses 10% são responsáveis pelas suas decisões. É normal que, devido ao que você ouviu a vida toda, você acredite que não conseguirá executar algo. Sua alma sabe o que é bom para você, só que o medo te bloqueia.

Quando medita, você para de pensar. Ah, e como é maravilhoso conseguir silenciar esses 10%! Nesse estado, os 90% entram em ação e, com treino, sua mente consegue ser guiada pela sua intuição, pelo seu coração, por onde quer que você vá. É claro que sempre levando o cérebro junto, com mais clareza. E tudo que deseja, e que sua alma sabe que é bom para você, começa a chegar. À medida que joga para o universo o que deseja, você emana frequências de energia. Essa energia está no mundo inteiro, em todos os lugares. E é normal encontrar pessoas na mesma frequência, que desejam a mesma coisa que você, por exemplo. Afinal, coincidências não existem. O termo "coincidência" é o jeito de Deus falar que você está no caminho certo. Portanto, acredite: há sempre uma maneira de ter o que quiser na sua vida.

A frustração só existe quando você permanece no chão. Elimine os pensamentos limitantes e o universo te presenteará com o que deseja. Este talvez seja um padrão do sucesso.

Já que tudo que eu vivi até hoje me preparou para este momento, para eu conseguir mais, preciso me preparar em igual intensidade. Os percalços em nossas trajetórias têm um motivo para acontecer. E os problemas nunca vão findar, por mais que você acredite que já superou tudo.

Por falar em desejos, você pode considerar esta uma autoafirmação exagerada, mas eu quero ser uma mulher lembrada pelo que fez. Uma vez que alcancei boa parte dos meus objetivos, o que me move hoje em dia é inspirar as pessoas. Depois do acidente, comecei a refletir que a vida pode ser diferente e que essa vontade de inspirar modificou minha alma. Se Ele me deu uma segunda chance, quero fazer o melhor dessa vez. Então agradeço até mesmo pelo acidente, pois ele me fez enxergar claramente um objetivo que até então eu ignorava.

Há um propósito para tudo.

Quando criança, ouvia todos falarem que meu nome significa "enviada de Deus". Acreditei tanto nisso que desde então me tornei Sua melhor amiga. Em vários momentos tive encontros com Ele. Como em um dia voltando para casa de metrô, ainda na Austrália, chorando de desespero por não ter dinheiro para pagar minha escola. Uma mulher alta, de uns 40 e poucos anos, entrou, se sentou do meu lado, me olhou e disse em inglês: "Um amigo meu pediu para te entregar". Peguei aquele papel na minha mão. Era um santinho. Tinha a imagem de Jesus de um lado e atrás uma oração. Na frente estava escrito: "Estarei sempre ao seu lado, confia em Mim, tenho grandes planos para você!". Não me recordo se eram exatamente essas palavras, já faz mais de sete anos, mas meu choro de desespero naquela hora se transformou em um choro de alegria, de paz, de amor e fé, e me virei para agradecer àquela doce mulher, contudo ela já não estava mais ali. Não tentei entender. Quem conhece Deus sorri nesses momentos.

Poderia citar várias passagens como essa, minha vida toda foi marcada por momentos assim. Nunca tive nenhuma dúvida do Seu amor por mim.

Também aprendi, como mestre em Reiki, que todos nós podemos nos conectar com uma fonte. No meu caso, minha fonte é Deus. Alguns chamam essa fonte de universo, outros de energia, tanto faz. Para mim, recebo luz diretamente Dele. Quando dizem que sou uma "pessoa iluminada", é a luz Dele que me energiza e que as pessoas enxergam. E quando ouço dizerem que admiram minha luz, comento que todos temos ela dentro de nós, essa luz que ilumina e que você passa para todos à sua volta, basta se conectar com algo maior que você. Então, seja luz!

O Reiki é somente uma das práticas que adotei em minha jornada. Muitas pessoas creem que, por eu citar tanto a Deus, eu me incluo em alguma religião. Não é verdade. Digo que sou apenas uma mulher espiritualizada. Quanto a Ele, só tenho a agradecer. Tudo que conquistei até hoje é por Ele.

Ele permitiu.

Ele me deu forças.

Ele abriu as portas.

Ele me mostrou.

Ele me fez aprender as lições.

A vida é maravilhosa e existe Ele em tudo. Minha luz.

PARTE II - UMA OPORTUNIDADE PARA EMPREENDER

"Sempre que acreditamos em alguma coisa, não mais questionamos por qualquer forma. No momento que começamos a questionar honestamente nossas convicções, não mais as sentimos como certezas absolutas."

Tony Robbins

Qual o segredo para chegar no topo construindo uma carreira de sucesso no marketing de rede?

Antes de revelar o que considero a chave para o triunfo, precisamos entender como funciona esse segmento e como ele surgiu no mercado.

De uma forma bem clara, defino o marketing de rede como um canal de distribuição que liga a indústria ao consumidor final, por uma rede de distribuidores independentes que tem o objetivo de movimentar produtos e ser remunerado por isso. Podemos sedimentá-lo em dois pilares: a venda direta e a construção de rede. A venda direta consiste em oferecer e vender os produtos ou serviços da empresa aos consumidores, seja pessoalmente ou por meio da internet e ganhar um lucro pela venda. Já na criação de uma rede, você compartilha os produtos e a oportunidade de negócio com seus contatos e assim, por meio de uma plataforma on-line, conecta essas pessoas a você, gerando uma comissão pelos produtos consumidos. Essas pessoas podem se tornar consumidores, embaixadores da marca, construtores de negócio ou vendedores. Cada pessoa decide o quanto de tempo pretende se dedicar, e de acordo com seus objetivos, traça um plano de ação. Todos adquirem os produtos com um superdesconto, já que eles representam a estrela do negócio, dessa forma, por meio de um plano de compensação, a marca e a rede se expandem e todos se beneficiam.

É fundamental entender como funciona o marketing de rede para não cair em armadilhas. Pois acredite, existem muitas. Se te mostrarem uma proposta boa demais para ser verdade, desconfie. Se oferecerem promessa de dinheiro fácil sem esforço, pule fora. Existem inúmeras pirâmides disfarçadas de marketing de rede, que visam unicamente o recrutamento de pessoas para movimentar o capital, sem o real comércio de produtos. Quem entra primeiro sempre ganha mais, e, geralmente, a pessoa precisa fazer um investimento muito grande para entrar no negócio. Essas falsas empresas se aproveitam da falta de conhecimento das pessoas, da crise econômica e do desespero dos desempregados com promessas infundadas, como um mágico que transforma um inseto em uma nota de cem reais.

Por que recomendo que invistam no marketing de rede?

Sendo muito direta, é a maneira mais simples de alguém sair do zero e se tornar uma pessoa bem-sucedida, sem contar a bagagem de conhecimento que você recebe. Aprende a ser empresário, já que desenvolve todas as habilidades necessárias, como liderança, gestão, visão, se desenvolve como ser humano, aprende a lidar melhor com pessoas. Assim, não é difícil compreender como o bilionário Robert Kiyosaki, investidor financeiro e escritor, define os que se propõem a investir seu tempo nisso: "As pessoas mais ricas do mundo constroem redes. Todos os outros procuram emprego". (*O negócio do século XXI,* Alta Books, 2017). Até mesmo Warren Buffett, um dos maiores nomes do investimento global, tem uma frase característica sobre o marketing de rede: "Foi o melhor investimento que já fiz". (*O jeito Warren Buffet de investir*, Benvirá, 2019)

No marketing de rede há um potencial gigantesco de renda, pois não existem limites. Cabe a você decidir o quanto quer ganhar e lutar para atingir o padrão desejado. Outro benefício para quem gosta é ser o seu próprio chefe, escolher o local de trabalho e ter um horário flexível. Seu desenvolvimento dependerá apenas de você mesmo. Não é fácil (que isso fique muito claro), mas é simples. E por quê?

Hoje, no mercado, para abrir qualquer negócio é necessário um investimento altíssimo; e vai demorar de dois a cinco anos para recuperar esse investimento – se recuperar. Há funcionários, despesas gerais – aluguel, contas de água, luz, telefone, entre outros.

No marketing de rede não precisamos ter experiência, nem mesmo currículo para iniciar e alcançar o sucesso. Tanto que uma pessoa que não teve acesso à escola ou não fez uma faculdade, pode, tranquilamente, entrar nesse ramo. Sempre falo em meus eventos que, independentemente de sua situação financeira ou do que você faz, é muito inteligente diversificar os investimentos: "Não coloque todos os seus ovos em uma única cesta". Então, para aqueles que já são visionários e empreendedores, é muito legal entrar nesse mercado para ampliar a renda; para as pessoas que nunca tiveram pretensão, é uma oportunidade incrível de ter um negócio nas mãos. E a maior característica é que esse negócio é desenvolvido em paralelo ao que todo mundo já faz – dificilmente alguém larga o trabalho atual para desenvolver só marketing de rede. Inicia-se paralelamente e com o tempo – dependendo dos ganhos e das ambições – passam a se dedicar mais e acabam atuando apenas nesse mercado.

Um problema que vejo é que muitos começam nessa indústria achando que em três meses ficarão ricos, mas não é bem assim. Você precisa construir seu ativo para adquirir liberdade financeira, como diria o Robert Kiyosaki no livro *Pai rico, pai pobre (Alta Books, 1997),* primeiro livro de negócios que li, aos 17 anos, na minha primeira semana na faculdade, que mudou para sempre minha maneira de enxergar o dinheiro. Explico que se você quer construir um ativo, construa um prédio em dois a cinco anos; a hora que esse prédio estiver pronto, alugue os apartamentos e vá pescar. Você terá renda residual, estando lá ou não, de algo que você construiu durante um período.

É nesse ponto que quero chegar. É preciso que haja essa consciência ao abraçar esse mercado. Porque dentro desse negócio, é possível obter essa renda residual. E isso por meio de uma rede de consumo que será construída ao longo de anos, e não apenas durante alguns meses. "Coloque pessoas e fique rico", não é isso. São produtos movimentados, não pessoas.

O marketing de rede é um negócio que não apresenta riscos. Porque você investe nos produtos da empresa e, na pior das hipóteses – que seria não desenvolver o negócio –, você utiliza seus produtos. Não há prejuízo, não tem como dar errado. Sem contar que existe todo um suporte para te desenvolver, um sistema, uma equipe interessada no seu progresso; não tem concorrência, no caso – quanto mais você progride, mais os outros te acompanham. Então as pessoas têm um interesse genuíno pelo avanço dos outros da equipe, porque o sucesso de um é o sucesso de todos.

Quem se cadastra nesse negócio tem chances iguais, independentemente de nível social, de classe social, de origens, todos têm a mesma oportunidade e começam da mesma maneira. Não importa se o cara é um empresário que ganha um milhão por mês ou um jovem que está buscando o primeiro emprego: ambos começarão do mesmo jeito e terão as mesmas chances. E ao contrário do que muitos pensam, é possível ultrapassar a pessoa que te cadastrou; não é "quem entra primeiro ganha mais", é "quem desenvolve melhor". Então é totalmente meritocrático. Portanto, o que definirá seus ganhos são suas habilidades e seus esforços.

O marketing de rede é pura e simplesmente relacionamento humano e por isso também pode ser chamado de marketing de relacionamento. Então quanto mais você se relaciona com as pessoas, quanto mais sociável você se torna, quanto mais amigos você faz, quanto mais gente você conhece, o negócio se mantém de forma mais simples.

Uma grande característica desse segmento é que você não vai ter chefe, não vai ter funcionários, terá um estoque mínimo e terá completa liberdade para fazer o que quiser. O que é maravilhoso para alguns e é desastroso para outros. Muitos não sabem não ter chefe, não têm iniciativa, ainda não estão preparados para assumir as rédeas de seu próprio negócio. Então é fundamental que essa habilidade seja desenvolvida, para que seja proativa e se automotive.

Esse é o negócio ideal para quem busca soluções. Embora você não possa mudar seu passado, você pode começar a transformar seu futuro neste exato momento.

Quando apresentamos a oportunidade, é comum ouvirmos as frases a seguir:

1. Não tenho tempo.
2. Não tenho dinheiro para iniciar.
3. Não tenho perfil para o negócio.
4. Não consigo pensar nisso.

Se você se identificou com pelo menos uma das frases, saiba que não está sozinho. Na verdade, você reflete como a maioria. Mas tenho considerações sobre a lista, que explorarei agora:

1. Tempo é precioso e ninguém o tem sobrando. Mas se você tem sonhos, basta se ORGANIZAR e ter FOCO.
2. A falta de dinheiro é um desafio sério. Mas os maiores especialistas financeiros recomendam este modelo de negócio para GERAR RENDA.
3. Claro que é importante se identificar com o que você faz. Mas tudo é questão de dedicação, aprendizado e prática. Você é bom no que faz FAZENDO.
4. Pensar é importante para tomar uma decisão madura. Mas cuidado: pessoas que pensam demais se perdem no dia a dia e não entram em AÇÃO.

Basta um pouco de reflexão para entendermos que somos capazes de mudar com segurança.

É muito importante focar nos seus sonhos. De fato, eles podem ser concretizados. O difícil é especificar quais são eles. É preciso ter clareza, pois se você não sabe aonde quer chegar, qualquer lugar serve.

O que esse negócio pode te proporcionar:

- Negócio próprio
- Estabilidade financeira
- Renda extra
- Uma vida com mais liberdade
- Mais relacionamento com pessoas
- Tempo livre
- Qualidade de vida
- Auxílio às pessoas

- Aposentadoria digna
- Desenvolvimento pessoal
- Mentalidade empreendedora

Se você acredita que existe uma fórmula do sucesso para o marketing de rede, ela significa:

MARCA CONSOLIDADA + PRODUTOS DE ALTA QUALIDADE E USO DIÁRIO + PARA TODOS OS TIPOS DE PESSOAS + BAIXO INVESTIMENTO = SUCESSO.

Ao entrar nesse mercado e se cadastrar em uma empresa, é fundamental participar dos treinamentos e eventos. Ouvir os ensinamentos daqueles que já estão há mais tempo no negócio, que já adquiriram certa experiência, é primordial na busca por uma carreira de sucesso.

Nos treinamentos que realizo, sempre falo sobre a importância do desenvolvimento de quatro crenças:

1. No marketing de rede – entender como funciona o segmento, livrar-se de todas as dúvidas possíveis para poder acreditar e reconhecer a oportunidade que tem nas mãos.
2. Na empresa – compreender a importância, o objetivo da empresa, se compartilha da mesma missão e vestir a camisa.
3. Nos produtos – conhecer, experimentar todos os produtos da empresa e consumir diariamente,

afinal, ninguém deveria vender algo de que não gosta ou em que não acredita.

4. Em você – talvez a mais importante, que é fundamental para qualquer negócio. Ninguém alcança o sucesso sem confiança.

O que pude constatar nesses anos em que estive mergulhada no meio, envolvida diariamente com centenas de histórias, é que o maior desafio de todas as pessoas – e é o que realmente faz muitas desistirem – é ouvir um "não". É evidente que somos seres únicos, com experiências diferentes. Então alguns, de acordo com o que aprenderam em sua vida, e o que vivenciaram desde o nascimento, estão um pouco mais preparados para esse negócio. Não que tenham mais chances ou que sejam privilegiados, apenas foram um pouco mais preparados pela vida. Um exemplo que sempre dou é que a minha mãe me treinou para que eu pudesse ingressar no marketing de rede, pois a vida toda ela me disse "não", então eu nunca vi isso como um obstáculo. Algumas pessoas que não tiveram de lidar com o "não", com a rejeição, ou que tiveram um pouco mais de tranquilidade na infância, encontram nisso uma barreira; muitas vezes, é por isso que param de fazer e desistem dos sonhos. O que sempre me ajudou foi pensar: a cada "não" que recebia, mais próxima do "sim" eu estava.

Outro ponto que costuma afastar algumas pessoas, que as impedem de entrar no marketing de rede, é acharem que não sabem vender, ou que não têm "vocação" para tal.

Mas devo dizer que todo mundo vende uma ideia a todo momento, seja indicando um serviço de que gostou, um restaurante, uma loja. Quando vamos a uma entrevista de emprego, nós nos vendemos para conseguirmos a vaga. Se em um encontro amoroso falamos todas as nossas qualidades, querendo ou não, estamos nos vendendo; e quando ficamos com a pessoa, efetuamos a venda. Portanto, somos todos vendedores, vivemos isso todos os dias, vendemos tudo naturalmente – ideias, conceitos, nós mesmos –, e não sei por que seria diferente com produtos e serviços. Mas é claro que existem péssimos vendedores, aquelas pessoas que acabam queimando o mercado, que são insistentes, nada profissionais, amadores, e que irritam todos à sua volta. Por isso, apesar de todos vivermos o estigma de vendedor chato, aconselho fortemente trabalhar isso internamente, estudar e aprender técnicas para não se tornar um vendedor chato.

Por que não se abrir para uma nova oportunidade?

Eu sempre amei ajudar o próximo, sempre quis fazer a diferença no mundo e construir algo que não fosse só dinheiro. O que mais me encantou nesse mercado foi saber que eu ganharia dinheiro ajudando pessoas, e que eu só ganharia se elas também ganhassem. Então é um dinheiro com propósito. Hoje, milhares de vidas são impactadas pelo "sim" que eu dei no começo da minha trajetória. Se eu tivesse dito "não" e fechado os olhos para esse mercado, essas milhares de pessoas que hoje fazem parte da minha rede não teriam suas vidas transformadas.

Quando sofri o acidente de carro e pedi a Deus por uma nova chance, era exatamente isso que buscava. Portanto, encontrei nessa indústria uma maneira de impactar positivamente as pessoas, de levar oportunidade àqueles que estavam desesperados, ou àqueles que já ganhavam dinheiro, mas não tinham liberdade ou felicidade. Uma maneira de capacitar pessoas, por meio dos treinamentos e da maneira positiva de ver a vida, eliminando crenças limitantes etc. Então é muito satisfatório construir tudo isso e fazer parte da história de milhares de famílias.

Um dos grandes conselhos que posso dar para alguém que pretende ingressar no marketing de rede é pesquisar bastante, escolher bem a empresa, com base nos valores, no histórico, na missão, no plano de negócio, para que escolha uma e fique nela pelo resto da vida. Historicamente, os maiores cheques vêm daqueles que estão em uma empresa há mais de trinta anos. Ou seja, se você não tem foco não chega a lugar nenhum.

É aí que entra a chave que considero fundamental para o sucesso...

Lembra da história dos cinquenta ratinhos? Pois bem, o ratinho que atingiu o ponto mais alto da Torre Eiffel traçou uma meta, tomou uma decisão, não deu ouvidos para os outros – afinal, era surdo – e seguiu rumo ao seu objetivo. Ele nunca duvidou de que chegaria no topo e isso fez toda a diferença.

O maior segredo que tenho para compartilhar, que me fez alcançar meus sonhos e trilhar uma carreira de sucesso, está em uma frase que repito em muitas palestras e treinamentos: "Eu sempre acreditei".

Está mais que provado, o mercado de marketing de rede é um magnífico caminho para a liberdade financeira, desenvolvimento e crescimento pessoal. Mas tenha em mente que não existem atalhos para o sucesso. Pare de procurar por um milagre em sua vida e tome uma decisão de uma vez por todas. O começo da jornada é árduo, mas com perseverança, conquistará tudo que almejar. Olhe para dentro, identifique suas habilidades, desenvolva-as se necessário, e, independentemente do caminho que escolher, tome uma decisão e acredite. Porque você chegará no topo.

Eu acredito!

Para quem já iniciou sua trajetória, é muito importante aprender a assumir os riscos. Ser verdadeiramente responsável por seus sucessos e ou pequenos fracassos. Vejo muita gente procurando culpados. Alguém que não ajudou, que não incentivou, que não lhe estendeu a mão. No dia em que eu assumi a autorresponsabilidade pelos meus atos, e tive a consciência de que ninguém faria nada por mim, que tudo dependia do meu esforço, que se todos me abandonassem eu teria a capacidade de construir tudo de novo quantas vezes fossem necessárias, então eu me libertei e me tornei imparável. Descobri a força que tinha dentro de mim. Enquanto você está culpando alguém para justificar suas falhas, seu objetivo, que é vencer e realizar seus sonhos, fica cada dia mais distante. Digo isso porque conversei com centenas de pessoas frustradas com o "negócio", magoadas, ressentidas, desiludidas, dizendo que haviam se desligado da empresa, pois o patrocinador não ajudava, ou a linha ascendente de liderança, ou até mesmo por algum conflito com outras equipes. Do mesmo modo que acontece em empresas tradicionais, em há desentendimentos com chefe e companheiros de trabalho.

Quando você trabalha rodeada de pessoas, precisa aprender a considerar sua inteligência emocional. Os seres humanos são falhos, começando por mim e por você. Acredito que estamos nessa vida para evoluir, para aprender, e cada pessoa que passa pelo nosso caminho nos ensina algo. Algumas nos magoam muito, nos traem, nos fazem desacreditar no ser humano. Já me decepcionei demais. Sempre pensei mais nos outros do que em mim, e com o tempo vi o quanto errei em varias situações. Passei por diversas fases, de me revoltar, de brigar, até que me dei conta de que ninguém tinha o poder de me desestabilizar. Como eu reagia às situações, era problema meu. E mesmo não sabendo o que fazer, ou que atitude tomar, buscava nunca escolher o caminho do vitimismo.

A seguir, ajudarei você a identificar se utiliza esse comportamento no seu dia a dia. Analise os sintomas das "vítimas" do vitimismo que consegui reconhecer com o tempo:

- ***Não assumem a responsabilidade.*** Nesse caso, faça a pergunta: De que forma eu contribuí para que a situação chegasse até aqui? Assumindo sua parcela de responsabilidade, você aprende a evitar situações semelhantes no futuro e evolui.
- ***Estão estagnadas em sua vida.*** Se sentem impotentes. São capazes de dar uma lista de razões (desculpas) pelas quais sua vida não anda e não planejam fazer nada para mudar as coisas. Comece com pequenas metas novas, mude o foco, comemore pequenas vitórias.
- ***Elas sentem pena de si mesmas.*** Pensam que seus problemas são maiores do que o de todos, que são injustiçadas, que tudo conspira contra elas. É necessário entender que cada pessoa enfrenta seus desafios e tem seus dias difíceis. Uso uma frase muito legal nos meus treinamentos para descontrair: "Se você acha que o mundo gira ao redor do seu umbigo, procure um médico, você pode estar com labirintite".
- ***Elas são críticas.*** Sentem a necessidade de colocar o outro para baixo e de achar falhas nas pessoas, para sentir a falsa sensação de superioridade. O que deveria ser ao contrário, já que quando você

elogia, torce e comemora vitórias alheias, consegue ver qualidades no outro, tudo volta para você, e o sentimento é o de vitória.

- ***Se comparam aos outros.*** Existe uma grande diferença entre se inspirar em alguém e se comparar. Quem se compara, sempre se pergunta: por que ele(a) tem e eu não? Quanto tempo perdido nessa questão! Foque no que você tem de bom e siga seu próprio caminho.

Enquanto a "vítima" continuar culpando o mundo por suas dores, dificilmente conseguirá resolver seus problemas, viverá aprisionada e infeliz.

Devemos buscar a evolução constante. Vejo pessoas que estão há dois, três, quatro anos estagnadas no mesmo lugar, vendo a vida passar diante de seus olhos, tentando entender por que o mundo foi tão injusto com elas e alimentando mágoas e rancores dos "culpados" que apontaram para seus fracassos.

Chega. Levanta. A vida acontece para você. Tudo é ensinamento. Você nasceu para brilhar, para realizar seus sonhos, para viver uma vida extraordinária. Todos nós temos a mesma chance. **Ao escrever sua história, segure sua caneta.**

E aqui vai uma fábula de que gosto muito para ilustrar esse último tema e ajudar a refletir.

Na primeira manhã de um casal em sua nova casa, durante o café, a mulher reparou através da janela uma vizinha que pendurava seus lençóis em um varal. Ela, então, comentou com o marido:

– Mas que lençóis sujos ela está pendurando! Provavelmente ela está precisando de um sabão novo. Se eu tivesse intimidade, perguntaria se ela quer que eu a ensine a lavar as roupas!

O marido observou calado.

Alguns dias depois, novamente durante o café da manhã, a vizinha pendurava seus lençóis no varal. A mulher então comentou com o marido:

– Nossa vizinha continua pendurando os lençóis sujos! Se eu tivesse intimidade, perguntaria se ela quer que eu a ensine a lavar as roupas!

E assim, a cada dois ou três dias, a mulher repetia seu discurso, enquanto a vizinha pendurava suas roupas no varal.

Passado um mês, a mulher surpreendeu-se ao ver os lençóis brancos, alvíssimos, sendo estendidos. Empolgada, foi, então, dizer ao marido:

– Veja! Ela aprendeu a lavar as roupas! Será que outra vizinha a ensinou? Porque não fui eu quem a ensinei.

O marido calmamente respondeu:

– Não, é que hoje eu levantei mais cedo e lavei os vidros das nossas janelas!

E assim é. Tudo depende da janela através da qual observamos os fatos. Antes de criticar, verifique se você fez alguma coisa para contribuir; verifique seus próprios defeitos e limitações.

Devemos olhar, antes de tudo, para nossa própria casa, para dentro de nós mesmos. Só assim poderemos ter uma real noção do valor de nossos amigos. Lave sua vidraça. Abra sua janela!

PARTE III - SER FELIZ É DA ALMA

"É preciso amor pra poder pulsar, é preciso paz pra poder sorrir, é preciso a chuva para florir."

Zé Ramalho

Relatei minha inquietação ao chegar ao topo e sentir que ainda faltava algo. Comecei uma busca interior nesse último ano e todos os ensinamentos que compartilho neste livro são resultados das minhas experiências e de tudo que vivi até aqui. Contudo o ensinamento mais transformador deixei para esta parte, e assim como fez comigo, espero que possa te trazer paz.

Nessa minha busca por propósito, cheguei à conclusão de que uma das coisas que me impulsionavam na vida era o medo de ser medíocre, apesar de já ter conquistado tanto, de ter chegado tão longe, de receber tantos elogios e títulos das pessoas à minha volta durante minha trajetória profissional: "Melhor vendedora", nas lojas e bancos em que trabalhei; "Miss simpatia e recordista de gorjetas", nos restaurantes e baladas em que trabalhei fora do país; "Maior líder feminina do Brasil" ou "Mulher que chegou mais longe", na primeira empresa de marketing de rede; "Mulher que mais ganhou dinheiro na indústria de marketing de rede no Brasil", em minha empresa atual; "Inspiração para homens e mulheres", e por aí vai...

Fico muito feliz com todo reconhecimento que sempre tive, afinal buscava me destacar em tudo que fazia, me doei muito a cada projeto com foco, esforço e dedicação, e assim, o resultado aparece, é inevitável. Sempre acreditei que teria sucesso, pois sabia que era resultado de tudo que plantava, a colheita era certa. Mas já falamos muito disso por aqui. Você também pode ser e ter tudo que quiser, depende do seu SIM para você mesmo(a), para os seus sonhos, para uma vida extraordinária. Sua vontade de pensar fora da caixa, de não andar com a manada, de não aceitar viver uma vida em vão.

Eu tinha medo de ser medíocre e de viver uma vida em vão. Queria que minha vida tivesse relevância, queria ter a certeza de que quando morresse e chegasse o dia de me encontrar com Deus, Ele se orgulharia de mim.

Hoje entendo que o ego nunca era satisfeito.

Saía de um evento de trinta mil pessoas, ganhava um carro no palco e era aplaudida por milhares de pessoas, era lindo, missão cumprida, tinha chegado lá. Mas no outro dia ao acordar, já tinha de procurar essa aprovação de novo. Era como se eu precisasse de validação o tempo todo. "Eu me tornei alguém, mas ainda preciso ser alguém." Era confuso. Alguma coisa dentro de mim estava sempre vazia. Buscava ter valor, propósito, singularidade, conduzia minha vida da melhor maneira, sempre com bondade, sem pisar em ninguém e ajudando o próximo, mas reconheço aquele vazio ali. Queria entender o que se passava.

Quando me aprofundei no estudo do ego, percebi que poderia encontrar algumas respostas.

O ego vive chamando atenção para si mesmo. Ele exige

que avaliemos nossa aparência e a maneira como somos tratados. É comum reclamarmos que alguém feriu nossos sentimentos. Mas os sentimentos não podem ser feridos. É o ego que nos machuca, nosso eu, nossa identidade. Os sentimentos continuam ótimos, enquanto o ego dói. Comecei a prestar atenção, e dificilmente atravessamos um dia sem nos sentirmos ignorados, esnobados, ou sem nos atormentar por qualquer ataque externo, por menor que seja. Falo "nós" porque recebo centenas de mensagens de desabafo e, na maioria das vezes, a frustração vem do ego ferido. E hoje consigo identificar.

Vou citar uma conversa que está fresquinha na minha mente, que tive com uma pessoa que me abordou dizendo que me admirava muito, me seguia nas redes sociais e que estava muito desmotivada. Resumindo nossos trinta minutos de conversa: "Estou muito triste, porque meu patrocinador não me deu o palco que pedi, não me ajuda, não me dá atenção; queria ser treinador oficial e não vi esforço da parte dele para realizar essa minha vontade. Não quero mais fazer o negócio, parei". Ouvi tudo atentamente e conseguia ver o ego dele ali falando, todo ferido, machucado, gritando por atenção. Conversei muito com ele e mostrei meu ponto de vista, fazendo o exercício que compartilhei com vocês, do EU, OUTRO e OBSERVADOR. Ele conseguiu entender quando foi para o lugar do outro, que era impossível ele se tornar treinador oficial, pois não preenchia o primeiro requisito para a função: ser duplo diamante. Ele tinha dois anos de empresa e era prata. Mesmo fazendo cursos no exterior, e tendo muito conhecimento para passar, não estava qualificado para a vaga naquele momento e precisava respeitar as regras. Quando foi para o lugar do observador, mostrei para ele o quanto o OUTRO estava ocupado com milhares de pessoas em sua equipe, principalmente os novos, enquanto o EU, com menos de 10 pessoas na equipe, tinha todo tempo do mundo e não entendia o porquê do "descaso". Uma longa história, mas o resultado foi que a pessoa entendeu e retirou a mágoa que tinha dentro do peito. Até me mandou uma mensagem quando chegou em casa, dizendo que voltaria à ativa e que ligaria para o *outro* para se reconciliar. Quanto tempo essa pessoa sofreu? Quanto tempo alimentou tanto sentimento ruim, por quanto tempo o ego ficou ali como protagonista?

Depois que entendi, tudo isso ficou ainda mais claro. Quantas vezes meu ego me machucou, agiu por mim, chegou na minha frente e ganhou toda a cena? Quanto tempo perdi. Não saberia dizer quantas vezes fiquei chateada por críticas maldosas, injustiças, fofocas com meu nome, decepção com pessoas... Na maioria das vezes, ego, orgulho ferido.

Eu não mais queria permitir que o ego comandasse minha vida. Eu nem conheço esse tal de ego, afinal, quem ele pensa que é para me deixar triste e às vezes vazia? Mesmo sendo tão grata, me sentindo tão realizada, tendo Deus sempre ao meu lado e buscando evoluir, o ego nunca se sente feliz.

Na tentativa de preencher o vazio e lidar com seu desconforto, o ego vive se comparando a outras pessoas, e faz isso o tempo todo. O orgulho no sentido negativo e o ego são irmãos, andam sempre de mãos dadas. Esse orgulho é competitivo por definição. Ele não se contenta em ter as coisas, mas em tê-las em maior quantidade que os outros. Dizemos que as pessoas se orgulham em serem bonitas, espertas e ricas, mas isso não é verdade. Elas têm orgulho de serem *mais* bonitas, *mais* espertas e *mais* ricas. Se todos fossem iguais, não existiria motivo para orgulho. O orgulho negativo é ter mais do que os outros, e quando aparece alguém que é mais, as coisas perdem a graça. Isso acontece porque não tínhamos alegria verdadeira nessas coisas. Tínhamos apenas orgulho delas.

O ego vive ocupado. Ele é insaciável. Um buraco negro. Por mais que seja abastecido, está sempre vazio. E vivemos nossos dias assim, como se precisássemos de um veredito, de um selo de aprovação ilusório.

Uma pessoa com o ego controlado (ele está lá, mas não chama atenção para si, ele faz seu trabalho e não dói), não se sente ferida, não fica mal quando criticada. As que se sentem mal valorizam demais a opinião dos outros. A que tem o ego satisfeito, ouve a crítica e a entende como oportunidade de mudança. Imagina ser medalha de prata e ficar feliz pelo que ganhou a de ouro, admirar a conquista do opositor da mesma maneira que admira o mais belo pôr do sol. Simplesmente encantar-se com a realização do outro, não importa se o sucesso foi dele ou seu, você fica feliz porque presenciou algo fantástico.

Apreciar as coisas como elas são e nada mais. Buscamos esse veredito definitivo em todas as situações e pessoas ao nosso redor, que afirmam que somos importantes e valiosos. Isso significa que todos os dias estamos sob julgamento e vamos para o tribunal. Dia após dia estamos sempre lá, sendo julgados. E tudo que fazemos serve de prova para acusação e para a defesa.

Nos dias de glória, sentimos que estamos vencendo o julgamento. Em outros, que estamos perdendo.

Mas afinal, quem dará esse veredito definitivo para que tenhamos a tão sonhada paz? A sociedade? Seu chefe? Seus amigos? Baseado em quê? Como saber o que é certo, se cada pessoa tem seus valores e princípios, suas opiniões com base nas suas crenças, suas culturas tão diferentes?! Então será que eu mesma posso ser a juíza e me julgar? Mas como saberia se estou certa, com base em que, se sei que sou tão falha, tenho tantas dúvidas e que preciso evoluir tanto?

Loucura, não é? Vivemos para agradar a quem? Precisamos de aprovação de quem? Quem sou eu, sem rótulos: profissão, familiares, formação? Eu me conheço? Vivo a vida que quero ou a que os outros querem? O que esperam de mim? Quando serei suficiente? Até onde tenho que chegar? Estou correndo para onde?

Respondi essas perguntas, pensei por muito tempo a respeito dessas questões e cheguei à conclusão de algo que eu sempre soube. A minha certeza é que somente Deus julga. A opinião de Deus é a única que interessa, independentemente de religião. De acordo com o livro mais famoso do mundo, a *Bíblia*, Jesus Cristo foi julgado em nosso lugar. Jesus esteve diante do tribunal, esteve sob julgamento. Foi um julgamento injusto, de um tribunal corrupto, mas Ele não reclamou. Ele recebeu a condenação que merecíamos, encarou o julgamento que deveria ter sido nosso para que não precisássemos enfrentar nenhum tribunal. Então, a única pessoa cuja opinião interessa realmente se volta para mim e diz que sou mais valioso do que todas as joias deste mundo.

O julgamento terminou.

Ser importante é do ego. Ser feliz é da alma.

PARTE IV - QUADRO DOS SONHOS

"Toda mudança positiva – todo salto para um nível maior de energia e consciência – envolve um ritual de passagem. A cada subida para um degrau mais alto na escada da evolução pessoal, devemos atravessar um período de desconforto, de iniciação. Eu nunca conheci uma exceção."

Dan Millman

Os nossos hábitos influenciam diretamente nossa vida, formatando cada indivíduo com padrões de pensamentos e comportamentos singulares. Quando repetimos uma ação por diversas vezes, o cérebro compreende e entra no modo automático, assim agimos sem que haja a necessidade de prestarmos total atenção em cada movimento. Ou seja, deixamos de estar "presentes" na maioria dos casos.

Tudo que conquistamos na vida está ligado a esses padrões, à maneira como lidamos com as situações e levamos o nosso dia a dia. Abandonar ou alterar hábitos antigos não é uma tarefa fácil, uma vez que determinados comportamentos já estão enraizados e que, ao menor estímulo, podem ser reativados. Essa questão fica clara quando vemos alguém lutando para se livrar de algum vício, como as drogas. Mas não podemos nos intimidar com os padrões que nós mesmos criamos por anos a fio. Mudar é preciso, mas procure mudar um hábito de cada vez.

Existem vários estudos que apontam que tudo que fazemos por vinte e um dias vira rotina. Isto está escrito inclusive no livro *O poder do hábito*, do autor Charles Duhhig (Objetiva, 2012), onde ele explica que neste período você consegue reprogramar o seu cérebro. Portanto, uma forma simples de estabelecer um novo hábito é seguindo um programa com esse ciclo. Espera-se que exista certa resistência no início, mas, com perseverança, no 22º dia em diante nosso cérebro já estará habituado com o novo padrão inserido, executando a ação naturalmente. Como dizia Renato Russo: "Disciplina é liberdade".

Pare um pouco e reflita, tal qual um psicólogo ouvindo seu paciente: quais hábitos eu gostaria de mudar? Quais novos hábitos eu adotei no último ano? O que está atrapalhando o meu crescimento? Você pode desenvolver seu próprio programa com base nas suas respostas. Todavia, para auxiliar nesse processo, nessa ressignificação interior, antes de propor o Desafio dos 21 dias, vou classificar o que consegui extrair e tornar hábito em minha vida depois de fazer o exercício que está nas próximas páginas. E se não se sentir confortável com alguns deles, experimente criar seus próprios desafios para se tornar melhor do que hoje.

1) Meditação

Nossa mente é um turbilhão de pensamentos, dos mais diversos tipos, dos nocivos aos inofensivos. O desafio é justamente reservar um momento do dia para silenciarmos esses pensamentos. Muitos acreditam que "meditar" é refletir sobre algum assunto, entretanto, é absolutamente o oposto. Meditar é "não pensar". Evidentemente, são necessárias prática e constância para dominar a arte da meditação. Portanto, no início, não se preocupe com a chuva de pensamentos que inundarão sua mente toda vez que se sentar para meditar; você deve apenas observá-los, sem julgamento, sem desejar que desapareçam. Com o tempo, sua mente ficará mais calma e você sentirá os benefícios desse hábito.

Encontre um local tranquilo, livre de barulho e de distrações, onde não será incomodado. Use uma almofada confortável e sente-se no chão com as pernas cruzadas e coluna reta. Feche seus olhos e inspire e expire calmamente. Foque na respiração. Esse é o segredo para controlar a mente. Saiba que a meditação não trará resultados imediatos.

Continue praticando todos os dias e perceberá aos poucos um estado de calma e paz evoluindo internamente.

2) Alimentação

Mesmo em meio à correria do dia a dia é possível alterar velhos hábitos alimentares. Muitas vezes optamos pela praticidade, escolhendo refeições pouco saudáveis, porém, no longo prazo, causaremos muitos males à saúde. Para uma reeducação alimentar, o ideal é ter o acompanhamento de uma nutricionista, porém, só de selecionarmos melhor nossos alimentos, escolhendo com mais sabedoria o que ingerimos, já estaremos na direção de uma vida mais saudável.

Reduza o consumo de bebidas alcoólicas e refrigerantes. Evite alimentos embutidos. Substitua o açúcar por adoçantes. Dê preferência a alimentos integrais. Evite frituras, dando prioridade para assados e grelhados. Inclua muitas frutas e verduras em todas as refeições. Procure comer de três em três horas, sempre em equilíbrio e com tranquilidade. Beba muita água.

3) Exercícios físicos

Todos sabemos da importância de nos exercitarmos regularmente para mantermos a boa saúde e prolongarmos nossa vida. Então, se sabemos, por que não fazemos? As desculpas são diversas, mas a maioria acaba dizendo que a rotina cansativa de trabalho não lhes permite. Será?

Matricule-se em uma academia perto de sua residência. Todo começo é difícil, mas em pouco tempo seu corpo se acostumará com os exercícios, com o novo ritmo, e o hábito passará a ser prazeroso. Está com orçamento apertado? Procure academias ao ar livre, existem muitas espalhadas em parques, ou crie disciplina para se exercitar em casa ou fazer caminhadas pelas ruas. Não precisamos de muitos aparelhos, apenas de boa vontade e consciência.

4) Desapego

É a capacidade de abrir mão de bens materiais, pessoas, ideias e situações. Objetos, por exemplo, não podem preencher vazios internos. Quem consegue criar o hábito do desapego é mais livre interiormente por não sofrer o medo da perda. Para mudar de vida e seguir em frente, precisamos abrir mão do que não nos serve mais.

Com certeza você tem mais do que precisa em seu guarda-roupas. É comum guardarmos algumas peças apenas por apego, mesmo sabendo que não as usaremos futuramente. Doe. Tenha em mente que muitos se beneficiarão dessa doação.

5) Não reclamar

Reclamar é opor-se a algo ou protestar oralmente ou por escrito, queixar-se de alguma desconformidade, reivindicar ou exigir algo que foi injustamente tomado. Talvez esse seja um dos desafios mais complexos, pois exige um policiamento mental exaustivo. Já parou para analisar quantas vezes por dia você reclama ou pensa negativamente sobre as diversas situações do cotidiano?

Toda vez que se deparar com algo que não lhe agrade, não reclame verbalmente nem mentalmente.

Apenas observe a situação. Se receber uma multa de trânsito, se tropeçar na rua, se receber uma resposta negativa de emprego, não reclame. Mantenha sua mente em estado de alerta. É desafiador, mas, com o tempo, ao mudar esse padrão mental de só ver as coisas negativamente, de só queixar-se da vida, você verá os benefícios desse novo hábito.

6) Gratidão

Ser grato é um estado de espírito e, de maneira alguma, deve remeter apenas aos fatos positivos, mas a todos os percalços presentes em nossa vida. O sentimento de gratidão é tão poderoso que nos permite vivenciar rápidas transformações internas. Quando o agradecimento vira um hábito, atraímos boas vibrações e energias positivas.

Procure ligar ao menos uma vez por semana para seus familiares para saber como estão e dizer que os ama. Crie um bloco de anotações para listar todas as coisas das quais se orgulha. Agradeça pessoalmente àqueles que lhe fizeram algum favor. Agradeça, principalmente, por estar vivo – tem dádiva maior do que essa? Lembre-se, a gratidão é um dos mais belos sentimentos que podemos ter.

Quem me acompanha sabe que às vezes durmo ouvindo uma de minhas músicas preferidas, enquanto converso com Deus (chama-se "Linger", do grupo The Cranberries). Hoje, enquanto cochilava no avião, acordei com essa música, como se Ele estivesse me chamando: "Filha, abra os olhos e veja o que eu fiz pra você!". Sério. Sou apaixonada pelo céu, fiquei emocionada. Éramos só nós dois lá, acima das nuvens, ouvindo nossa música com um nascer do sol inesquecível! É inexplicável a conexão que eu tenho com Ele. Seria desnecessário falar isso para vocês, tem gente que não acredita. Mas se compartilhei tanta coisa da minha vida até aqui, tenho que compartilhar também a minha fé. Espero o dia do nosso reencontro (mas tenha muita calma, viu, meu Deus, a vida é muito maravilhosa, podemos esperar!). Nesse dia, quando estiver diante Dele, vou abandonar carros, bolsas, roupas e dinheiro. Seremos só nós dois, e quero que Ele tenha orgulho do que eu fiz com a vida que me deu. Nunca tive medo de morrer, mas no dia em que quase morri, eu tive muito medo de morrer em vão. É por isso que em todos os momentos da minha vida sou grata pela segunda chance que tive. E tento de alguma maneira retribuir o presente que é a vida. Tento mostrar para vocês o quanto tudo é maravilhoso, porque não quero que vocês precisem perder para dar o valor que podem dar agora! E se houver alguma dúvida que Deus te ama, olhe para o céu. Ele pinta todas as manhãs com as cores mais lindas para você ficar feliz.

7) Sonhar grande

Não existe sonho bobo ou impossível de se realizar. É só ter fé, amor e muita ação para alcançá-lo. Nunca teremos algo que nunca quisemos antes. Por isso, não podemos colocar limitações em nós mesmos. É preciso sonhar alto.

Faça um quadro dos sonhos. Pegue uma grande folha de papel e preencha-o com imagens de lugares que deseja conhecer, por exemplo. Da mesma forma, acrescente o carro dos seus sonhos, o apartamento ou casa em que adoraria morar, o maior desejo que gostaria de realizar, e ainda: como você quer ser lembrado quando morrer. Quanto mais falamos desses sonhos, mais acreditamos; quanto mais acreditamos, mais atraímos; quanto mais atraímos, mais trabalhamos para conquistar!

Desafio dos 21 dias:

Leia a lista de desafios a seguir e utilize cada folha para fazer anotações. Se quiser, você pode compartilhar seu desafio nas redes sociais utilizando as hashtags #sempreacreditei e #desafioGabiDermínio. Também poderá me marcar (@gabiderminio), que vou adorar te acompanhar. E não se sinta culpado(a) se não conseguir executar algum dos desafios. Você pode substituí-lo por algo que mais o(a) agrade.

Lembre-se: por mais longa que seja a caminhada, o que realmente importa é o primeiro passo.

1º Dia

O tema é **gratidão**. Envie uma mensagem para algum parente, amigo, alguém que merece seu reconhecimento. Deixe-o saber o quanto você é grato(a) por ele ter feito algo por você. Pode ser uma mensagem escrita em papel, e-mail ou mesmo por celular. Pratique a gratidão e você verá o quanto sua vida será próspera.

2º Dia

É dia de **doar conhecimento**. Escolha um livro que você tem em casa, escreva uma dedicatória a um desconhecido na primeira página e "esqueça-o" no táxi, metrô, ônibus, recepção de clínica, mesa de restaurante etc. A ideia é que a próxima pessoa a encontrar o livro compreenda que é para ela. Capriche na dedicatória, pois ela pode fazer o dia de alguém mais feliz.

3º Dia

Desapegue-se. Vá até seu guarda-roupa, pegue o que não usa mais ou precisa e doe para uma pessoa mais necessitada. Independentemente da sua situação atual, existe sempre alguém que daria tudo para estar no seu lugar.

4º Dia

Hoje o seu desafio é **cuidar da saúde**. Para ajudar o próximo, você precisa também cuidar de si mesmo(a). Então, pelas próximas vinte e quatro horas, faça somente refeições saudáveis. Ao contrário do que muitos pensam, postar uma fotografia do seu prato no Instagram ou outro lugar não é "piegas". Ela pode inspirar seus amigos e familiares a fazerem o mesmo.

5º Dia

Crie senso de **responsabilidade**. Uma das maiores qualidades de uma pessoa é ser responsável. Para um profissional de sucesso, isso só multiplica. Então, faça algo simples: consiga um vasinho de flores, regue-as, coloque-as em um lugar iluminado, dê atenção e, muito importante, não as deixe morrer, pois daqui a cinco dias usaremos esse vasinho para outro desafio!

6º Dia

Hoje é dia de cuidar dos seus **relacionamentos**. Equilibrar a vida social mesmo na loucura do dia a dia. Vá às redes sociais e marque uma pessoa muito importante na sua vida, mas que você não esqueceu, mesmo sem ter contato há algum tempo. Escreva uma mensagem. Mostre que, mesmo longe, você está próximo. Deixe-a saber como é especial para você.

7º Dia

O tema é **reconhecimento**. Você chegou até aqui, então não se esqueça de onde veio. Lembre-se das pessoas que cuidam de você, da sua casa, da sua agenda; aqueles que muitas vezes deixamos de agradecer e reconhecer. Existem pessoas especiais que facilitam sua vida e merecem todo seu carinho. O desafio do dia é reconhecer com alguma lembrancinha: um chocolate, uma cartinha, como você quiser. Demonstre seu carinho. Quanto mais sucesso você tiver, mais humildade deverá carregar. Trate todos os seres com respeito e amor.

8º Dia

Seu desafio hoje é apenas **refletir sobre os últimos sete dias**. Como eles impactaram positivamente sua vida e nas pessoas à sua volta. Antes de dormir, penso no meu dia, quais foram os benefícios dos meus atos, no que posso melhorar, no que posso fazer diferente. Se quiser, escreva nesta página como você se sente com os desafios que já foram feitos. Suas próprias respostas podem surpreender você.

9º Dia

Há milhares de **animais** necessitando um pouco de carinho e atenção. Neste dia, dedique um pouco do seu tempo para agradar algum bichinho, seja levando o cachorro do vizinho para passear, brincando com o gato da sua avó, alimentando um cãozinho de rua ou visitando algum abrigo. Se você desenvolver a capacidade de amar um animal, esse amor se estenderá para os humanos também.

10º Dia

Para ser uma pessoa de sucesso, é importante construir relacionamentos com **gentileza, amabilidade, senso prestativo**. E muitas vezes nem prestamos atenção nas pessoas que estão ao nosso lado todos os dias. Então, hoje seu desafio é dar aquele vaso de flores que você cuidou nos últimos dias com um bilhete bem bacana para um de seus vizinhos. Se quiser, poste uma foto sua com essa pessoa e a flor usando a hashtag #SempreAcreditei.

11º Dia

Passamos da metade da lista dos desafios. Hoje é seu dia de **vida saudável**. Faça exercícios. Se não estiver acostumado(a) a fazê-los, modere-se. Uma caminhada leve já basta, pode ser uma volta no quarteirão. Ame seu corpo e dê esse presente a ele. Quem sabe não vira rotina? Experimente.

12º Dia

É hora de homenagear alguém que te **ajudou** na carreira profissional. Algum colega de trabalho, mentor, incentivador etc. (pode ser mais de uma pessoa). Alguns profissionais são nossos anjos da guarda, portanto deixe-os saberem a importância que tiveram na sua vida e o quanto te ajudaram aonde chegou. E quando estiver em outro patamar, nunca se esqueça de quem estendeu a mão quando você precisou.

13º Dia

Sempre falo que a vida é "mara", certo? E é mesmo. Já parou para prestar atenção nas **cores** à sua volta? O verde das árvores, o azul do céu, o vermelho de uma maçã... Deus criou tudo isso com muito carinho. Imagine-se decorando sua casa para receber quem você ama, e essa pessoa não reconhecesse sua dedicação. Aposto que você ficaria triste. Pois é isso que você faz todos os dias. Preste mais atenção no que Deus criou e agradeça-O por isso. Observe bem as cores, para nunca se esquecer delas.

14º Dia

O desafio de hoje é **desligar-se** um pouco das tecnologias. Já parou para pensar quanto tempo perdemos nas redes sociais, nos aplicativos de celulares, navegando em sites e em frente à televisão? Não há dúvidas de que a era digital trouxe muitos benefícios ao mundo, no entanto, trouxe também alguns males. A tecnologia nos domina. Ao diminuir esse vício em estar sempre conectado, você perceberá grandes benefícios, como um aumento na percepção do que ocorre ao seu redor, melhor qualidade de sono, maior produtividade etc.

15º Dia

Hoje o seu desafio é **sonhar**. E sonhar grande! Não existe sonho impossível de realizar. Tenha fé, coloque muito amor e ação nos seus feitos. Você veio ao mundo para viver o melhor da Terra, então merece o melhor. Por exemplo, escreva aqui três desejos que gostaria de realizar. Quanto mais você coloca para fora, mais você acredita. Entretanto não se esqueça de arregaçar as mangas e trabalhar para conquistá-los. Nada cai do céu.

16º Dia

Crianças são puras e iluminadas, então **faça uma criança feliz**. Que o brilho nos olhos dela faça você voltar a acreditar no ser humano, nos seus sonhos e em você mesmo(a). Leve-a a um passeio, busque-a na escola ou dê uma lembrança. Após fazer isso, nunca se esqueça da criança que já foi um dia.

17º Dia

Muitas vezes, movidos por uma rotina, deixamos alguns ***hobbies*** para trás. O desafio do dia é dar atenção a eles. Se você toca algum instrumento, dedique um momento para se envolver com a música. Se você gosta de desenhar e pintar, da mesma forma, reserve um tempo para focar apenas na sua arte. Ou então, que tal descobrir um *hobbie* novo? Não para substituir os antigos, mas para viver experiências novas e ter mais opções quando quiser se divertir.

18º Dia

Dê atenção a uma **pessoa mais velha**. Engrandeça-a com amor e carinho. Trate esse ser humano como você gostaria de ser tratado(a) quando estiver com a mesma idade e experiência que ele ou ela. Faça-o sentir-se importante nesta vida. Dê ouvidos a ele, ouça suas histórias e absorva seu conhecimento.

19º Dia

Hoje o seu desafio é prestar atenção em quem **sente fome**. Quando sair de casa ou do supermercado, separe algo para doar. Leve uma fruta, um mantimento, um líquido. Esteja preparado para doar para alguém que realmente necessita. Experimente a satisfação de tornar a vida de alguém melhor, nem que seja por alguns minutos.

20º Dia

Estamos chegando ao final. Hoje é o **SEU dia**. Dia de se amar, de se admirar, de acreditar que você consegue, que você nasceu para vencer. Faça algo para você mesmo(a) que o deixe feliz. Pode ser algo pequeno ou grandioso, mas que não faz há muito tempo. Eleve sua autoestima.

21º Dia

Este é o dia mais importante. Durante esse tempo, você aprendeu a olhar para o próximo com mais amor, a ser gentil, a reativar amizades, a doar, a compartilhar, a inspirar outras pessoas, a elogiar a si mesmo, a ter a vida mais leve, a ser grato, a se cuidar! Isso é maravilhoso e inspirador, mas você não conseguirá continuar a voar se estiver preso(a). Então, seu desafio de hoje é **perdoar**. O perdão te liberta das amarras, te solta, te alivia, tira tudo de ruim de dentro do seu peito. Eu sei, perdoar não é fácil, e é por esse motivo que foi deixado por último. Se você aplicar tudo que aprendeu nesses vinte dias, vai perceber que nada é tão ruim quanto parece. É só observar com outros olhos. E eu espero de coração que você consiga.

PARTE V - SEMPRE ACREDITEI

E depois desses dias de desafio maravilhosos que vão transformá-lo no melhor que você pode ser, chegamos à reta final.

Enquanto termino de escrever este livro, espero minha primeira filha, Isabel, que carrego na barriga. Você pode estar se perguntando que parte você perdeu, ou voltar os capítulos por achar que pulou algum, mas não. Como sou intensa em tudo que faço, na minha vida pessoal não seria diferente. Então, vou resumir.

Na virada do ano de 2017 para 2018, estava em uma praia paradisíaca do Nordeste. Escrevi uma carta de três folhas, frente e verso. Escrevi tudo que havia conquistado até ali. Escrevi minhas metas, meus sonhos, fiz novos pedidos. Minutos antes da contagem e dos fogos, saí de perto da multidão em uma linda festa em que eu participava com amigos e fiquei sozinha, esperando o momento chegar. Foi a primeira vez que fiz aquilo, depois de ficar o dia todo isolada, meditando, escrevendo e lendo. E o instante foi mágico. Quando o relógio bateu meia-noite e os fogos começaram a espocar, peguei um isqueiro que havia levado e comecei a queimar a carta. Ao mesmo tempo, pedi que tudo que precisasse ser transformado na minha vida fosse realizado. Era como se eu fechasse um ciclo na minha trajetória e solicitasse um direcionamento. Rezei, meditei, me conectei com aquela natureza maravilhosa e acreditei que, a partir dali, minha vida se transformaria.

Um vento muito forte me abraçou como um sinal.

Continuei minha caminhada. Com foco total no trabalho, a empresa começou sua expansão internacional. Havia acabado de voltar do Peru e da Colômbia, tudo feito com muito êxito.

Em março de 2018, em uma meditação, tive uma visão. Eu me vi escrevendo este livro. Comecei a tarefa logo no dia seguinte e me sentia feliz em ver que estaria de alguma forma retribuindo para o mundo todas as bênçãos que recebia. Em um novo momento de meditação, vi o livro pronto em minhas mãos com o título: SEMPRE ACREDITEI. Pedi a Deus que me ajudasse a escrevê-lo, e que este livro chegasse nas mãos de quem precisasse ler, que o tocasse, que devolvesse a esperança, a alegria, e que eu fosse usada como Seu instrumento para passar a mensagem de força de que muitas vezes precisamos. Continuei escrevendo todos os dias.

Um mês depois, no dia 7 de abril, conheci um homem encantador em um show, e depois de uma troca de olhares, já sabia que era ele. Recebia sinais o tempo todo de que minha vida se transformaria. Começamos a namorar e, no mesmo dia em que ele me pediu em namoro em uma viagem linda que fizemos a Jericoacoara, eu engravidei. Fiquei sabendo somente um mês e meio depois, logo após voltar do Atacama, no Chile, e com pouco mais sessenta dias juntos, fui pedida em casamento em Paris. Nos casamos depois em Ilhabela, em uma cerimônia maravilhosa e emocionante, e aqui estou. Esposa, mãe, com minha família formada em poucos meses. Tudo planejado por Deus. Nesse meio-tempo, atingi mais um patamar tão sonhado dentro da empresa, o mais alto ocupado por uma mulher. Mais sucesso, mais dinheiro, uma viagem para Dubai. E tudo isso sem acalorar o ego. Sem vazio depois. Sem me sentir em julgamento no tribunal no dia seguinte. Em paz.

Tudo acontece da maneira certa, na hora certa, como tem de ser.

Hoje entendo o que passei nesse último ano. Devido aos meus problemas familiares, nunca tive o sonho de me casar e ter filhos. Mesmo depois de várias decepções amorosas, sempre começava uma nova história inteira, sem traumas, sem bloqueios, sem medo e mais madura, aprendendo rápido com meus erros. Aquela nova pessoa não merecia ter somente uma parte de mim. Não merecia pagar por algo que não tinha culpa, até então. Me confortava saber que aquela famosa frase "E se eu tivesse..." nunca existia para mim. Preferia sempre fazer o meu melhor e entender que contribuí de alguma maneira na vida daquela pessoa que apareceu para me ensinar algo. Ressignificar sempre, em vez de me lamentar.

Deus tem muitos planos para mim. Minha busca por evolução me ajudou a colocar cada coisa no seu lugar. A perdoar minha mãe e a entender que ela não poderia me dar o amor que nunca teve. A assimilar tantos problemas familiares, entendendo que nascemos na família certa para nos ensinar o que precisamos aprender. *A imperfeição dos nossos pais é perfeita para nós.*

Aprendi a lidar com o outro. A ressignificar tantas mágoas. A aceitar minhas falhas, meus defeitos. A lidar com o sucesso e o fracasso. A respeitar as decisões do outro. A me colocar no lugar do próximo e não julgar. Nossa, como aprendi! E agora, em paz, sei que esse meu novo momento exige uma nova versão que ainda não conheço. E aqui se iniciam novos desafios: ser a melhor esposa, mãe, amiga e líder que eu puder.

E a vida é assim, uma caixinha de surpresas. Se eu pudesse dar uma última dica, seria não se comparar com ninguém, não querer viver a vida de ninguém. Enquanto você se distrai olhando para o lado, perde sua vida de vista. E os planos que Deus tem para você são muito melhores do que você pode imaginar. Olhe as pessoas como irmãos, pois somos todos filhos do mesmo pai.

Tenho certeza de que você quer ser feliz. E quem não quer? Buscamos a vida toda essa tal felicidade! Mas o que você considera ser feliz? Eu já mudei essa resposta várias vezes durante a minha vida. Já pensei que seria feliz quando vivesse um grande amor, e sim, eu fui mesmo feliz várias vezes. Já pensei que seria feliz quando estivesse em algum paraíso no mundo, e acertei. Pensei que quando tivesse todo dinheiro e sucesso que eu sempre quis, eu seria feliz e realmente fui feliz assim. Pensei que quando tivesse liberdade para viajar o mundo, ou quando estivesse com meus amigos e família, ou quando eu tivesse meu apartamento dos sonhos, ou quando eu conhecesse pessoalmente o Tony Robbins, eu seria feliz. E realmente, fiquei feliz em todos esses momentos! Mas percebi que eu também estava feliz quando assistia ao pôr do sol, independentemente de quanto dinheiro eu tinha, de onde estivesse no mundo, ou quem seria minha companhia. Só de saber que o Sol estava ali, eu entendia que tinha ganhado um novo dia para tentar ser feliz. A única coisa que eu não sabia é que eu *já era* feliz. Sempre fui. Porque não precisamos de nada e nem de ninguém para isso... A felicidade vem de dentro, vem da alma, vem do coração e podemos senti-la quando paramos de procurar por aí!

Hoje eu entendo que tudo que conquistei, me deu alegrias, recompensas, satisfação, reconhecimento, tempo, liberdade e sucesso. E foi por ser assim que cheguei aqui! Diferentemente do que todo mundo pensa, é a felicidade que impulsiona o sucesso, não o contrário.

Nesse instante estou no meu balanço, com o Sol despontado, escrevendo para vocês. E tenho propriedade para dizer: você também já tem tudo que precisa para ser feliz dentro de você. Então seja! Desejo todas as melhores coisas deste mundo.

Espero que este livro tenha te inspirado de alguma maneira. E lembre-se: mesmo que você não acredite no seu potencial de transformar sua vida, eu acredito em você!

SEMPRE ACREDITEI.

AGRADECIMENTOS

Sou eternamente grata a todas as pessoas que passaram pela minha vida. Foi graças a cada um, ao ensinamento que tirei de cada situação, que hoje escrevo este livro com a minha história de superação.

Em primeiro lugar, gostaria de agradecer a Deus por me permitir viver tudo isso, à minha família e principalmente aos meus queridos pais que eu tanto amo e valorizo, Eduardo e Adriana, que me deram toda base, estrutura e educação. Em especial à minha madrinha Isabel por tanto amor e por continuar cuidando de mim lá do céu.

A todas as pessoas que fizeram parte da minha trajetória profissional, desde a primeira loja de bairro, passando pelo shopping e lojas de Franca, Caixa Econômica Federal, Banco Real e Santander, a todos que conheci fora do Brasil e aos empregos que tive.

Muito obrigada, Rodrigo e Aretha Berkembrock, por terem me apresentado o marketing de rede por Skype ainda na Austrália e por acreditarem em mim. A todos os amigos que fiz e que levo até hoje, principalmente o Caio Carneiro, grande inspiração, e a linda Fabi, sua esposa.

Minha gratidão a meu eterno mentor e amigo Lucas Battistoni e Tamile, que me apresentou à minha empresa atual, aos meus amigos "lendas da indústria" Gabriel e Leandro Kenski, que me estenderam a mão e confiaram em mim, ao Caio e Jenifer Loeben, por terem começado tudo isso. E a toda minha equipe maravilhosa, em que cada vida hoje faz parte da minha.

Um agradecimento especial a toda a família Rodrigues, que tanto admiro. Sr. Francisco e Dona Adelaide, muito obrigada pelas inspirações de vida, de persistência e de legado. Aos filhos Sandro (líder inspirador e visionário, serei eternamente fã), Crisciane (minha diva e amiga maravilhosa formada em Harvard), e Leandro e Alessandro (queridos e competentes).

Obrigada a toda liderança do Brasil e de fora do Brasil por me ensinar tanto. A todos os líderes de marketing de rede, independentemente da empresa, por trabalharem com honestidade para fortalecer cada dia mais nossa indústria.

Obrigada aos meus queridos amigos e amigas e às pessoas que acompanham meu trabalho, que torcem por mim. Sinto muito amor por cada um, e sempre desejo muitas vezes de volta o que desejam para mim.

Obrigada a todos os terapeutas, estudiosos e autores que contribuíram para meu desenvolvimento pessoal, despertar espiritual, meu encontro comigo mesma. Principalmente à mestre Celia de Paula (Irelp) e ao meu mentor Tadashi Kadomoto, a quem serei eternamente grata.

Por fim, agradeço ao meu marido Leandro e à minha filha Isabel por me fazerem sentir o mais puro amor e por me transformarem tanto em tão pouco tempo. Vocês são tudo para mim. Amo vocês!

Obrigada, meus Deus, por tanto! Por tanto choro, tanto riso, tanto tombo, tanta vitória, tantos erros, tantos acertos... Obrigada por tanta vida. Sempre acreditei.

Acreditamos
nos livros

Este livro foi composto em Adobe Garamond Pro e Helvetica Neue e impresso pela Geográfica para a Editora Planeta do Brasil em agosto de 2019